Ingrid Biermann

Schätze aus der Hosentasche

Ingrid Biermann

Schätze aus der Hosentasche

Kleine Dinge – großer Spaß.
Geschichten, Spiele und Lieder
zur kindlichen Wahrnehmungsförderung.
Mit Illustrationen von
Karin Schliehe und Bernhard Mark

Kösel

ISBN 3-466-30522-5
Druck und Bindung: Kösel, Kempten
Umschlag: Elisabeth Petersen, München
Umschlagmotiv: Norbert Schäfer Pictures, Düsseldorf

1 2 3 4 5 · 04 03 02 01 00

*Gedruckt auf umweltfreundlich hergestelltem Bilderdruckpapier
(säurefrei und chlorfrei gebleicht)*

Inhalt

Vorwort

Kinder, und ganz besonders unsere Jüngsten, haben oft noch ein Auge für die kleinen Dinge, die uns umgeben. Sobald sie auf eigenen Füßen stehen können, entwickeln sie ihre Neugierde für das, was sie umgibt. Sie heben alles auf, fassen alles an, betrachten alles und vergessen dann die Welt um sich herum. Ein Regenwurm kann der Grund einer längeren Betrachtung sein, eine Knopfkiste kann das Spielzeug für Stunden werden und Steine können wichtiger werden als das teuerste Spielzeug. Für Kinder ist Unwichtiges wichtig, Kleines wird riesengroß, Unbedeutendes gewinnt an Bedeutung, Nutzloses bekommt einen Wert und Unscheinbares wird zu einem Schatz.

KOMM! ICH ERZÄHL DIR WAS

Kinder mögen Unfertiges oder Halbfertiges. Sie brauchen oft nur ein Stück vom Ganzen und können sich damit beschäftigen. Aus einem Stück Holz wird ein Hund, aus einem Stück Stoff ein Gespenst. Die Fantasie kennt keine Grenzen. Stein für Stein entsteht ein Mosaik, Stück für Stück entsteht ein Puzzle.

Schauen wir den Kindern einmal zu, dann entdecken wir, dass ihr Sammelfieber groß ist. Jedes Kind hat kleine oder große Taschen, in die es ein schönes Blatt, einen besonderen Stein oder vielleicht eine Kastanie steckt, die es dann zu einem späteren Zeitpunkt an etwas sehr Schönes erinnern. Darum sollten wir die Sammelleidenschaft der Kinder unterstützen und vielem, was scheinbar unwichtig ist, wieder Wichtigkeit verleihen.

Unsere Einstellung zu dem, was uns umgibt, ist prägend für die Einstellung der Kinder. In unserer Wegwerfgesellschaft ist es schwer, den Kinder Werte zu vermitteln. Es ist jedoch unsere Pflicht, die Kinder für die kleinen Dinge dieser Welt zu sensibilisieren. Nur so können die Kinder unterscheiden und einschätzen lernen. Sie gehen dann mit dem, was sie umgibt, achtsamer um und verändern ihre Wertvorstellungen ganz von allein.

Damit Spielen nicht langweilig wird, sondern sich für die Kinder zur schönsten Sache der Welt entwickelt, möchte ich Ihnen, liebe Erzieherinnen, einige Anregungen geben, wie Sie Unwichtiges gemeinsam mit den Kinder wichtig werden lassen können. Sie werden selbst erleben, wie viele schöne Möglichkeiten es gibt, sich mit den unwichtigsten und kleinsten Dingen die Zeit zu vertreiben.

Kinder nehmen ein Angebot mit Körper, Geist und Seele auf. Ein Bilderbuch wird nicht nur über die visuelle und auditive Wahrnehmung erlebt, es werden auch Stimmungen, Eindrücke sowohl des Bilderbuches selbst als auch der Umgebung, in der es gezeigt wird, aufgenommen. Die schönste Geschichte, erzählt zwischen Kuchenkrümeln und herumliegendem Spielzeug, kann bei Kindern keine solche Wirkung erzielen, als wenn sie in einem gemütlichen, etwas märchenhaft und schummerig gestalteten Raum erzählt wird. Darüber sollte sich jeder bei der Vorbereitung eines Angebotes im Klaren sein. Auch ein schön gestalteter Mittelpunkt, der zum Thema des Angebotes passt, ist schon die halbe Garantie dafür, dass die Konzentration der Kinder größer ist. Noch besser sind die Voraussetzungen, wenn sich jeder vorher ein wenig mit dem Angebot auseinander setzt. Bei einer vom Blatt abgelesenen Geschichte kann nicht mit Mimik und Gestik, mit Stimmvariation und Augenkontakt zu den Kindern erzählt werden. Die Folge: Die Kinder erleben die Geschichte nicht. Auch das einfachste Angebot, wenn es mit viel Sorgfalt vorbereitet wurde, ist anspruchsvoll und wird ganzheitlich erfahren und aufgenommen. Es wird lebendig gemacht und lebendig erlebt. So wie man ein Geschenk liebevoll verpackt, so sollten sie es auch mit den Angeboten machen, denn sie sind ein Geschenk von uns an die Kinder. Da ich dies in meiner langjährigen praktischen Erfahrung immer erlebt und selbst praktiziert habe, ist es mir ein Anliegen, auch bei Ihnen das Verständnis für gut vorbereitete Angebote zu wecken. Darum meine Bitte: Setzen Sie sich einen Tag vorher ein wenig mit meinen Vorschlägen auseinander, damit sie auch das transportieren können, was ich vermitteln möchte. Dann werden diese Angebote auch für Sie ein Erlebnis.

Danke.

Willi Wichtig

Eine Geschichte

Willi ist gerade erst fünf Jahre alt, aber er steckt voller Ideen, ist immer gut gelaunt und sehr fröhlich. Langeweile kennt er nicht. Dafür gibt es für ihn viel zu viel zu entdecken. Er strolcht den ganzen Tag herum und findet immer wieder Dinge, mit denen er wunderbar spielen kann. Alles, was er entdeckt oder findet, hebt er auf, steckt es in seine Tasche und nimmt es mit nach Hause. In seinem Zimmer spielt er stundenlang mit diesen Sachen. Autos, Eisenbahnen, Ritterburgen oder Piratenschiffe, die braucht er nicht zum Spielen. Mit seinen gesammelten Dingen kann er sich viel besser beschäftigen. Er schnitzt Tiere aus kleinen Hölzern, baut Burgen aus Kartons und Autos aus alten Schachteln. In seinem Zimmer steht ein bunt bemalter Karton. Dort bewahrt er seine großen und kleinen Schätze auf. Jeden Abend, bevor Willi ins Bett geht, sucht er

sich aus seinem Karton etwas heraus, betrachtet es und überlegt sich gut, was er damit am nächsten Tag machen will. Manchmal aber erzählen ihm seine kleinen Schätze auch wunderschöne Geschichten. Dabei erfährt Willi so manches und merkt, dass jedes Teil, das er findet, sehr wichtig ist. Willi hat viele Ideen und so erfindet er zu jedem Schatz ein Lied, ein Spiel, eine Bastelei und vieles mehr.

Sein Freund Max kann gar nicht verstehen, wie Willi mit Tüchern, Steinen, Federn oder Tannenzapfen spielen kann. Er findet diese Spielsachen unwichtig. In seinem Regal stehen große und kleine Autos, eine Eisenbahn, eine Ritterburg, ein Bauernhof, ein Feuerwehrauto und noch viele, viele Dinge mehr. Doch trotz dieser schönen Spielsachen ist ihm oft sehr langweilig. Er sitzt dann mürrisch und schlecht gelaunt vor seinem Spielzeugberg und ihm fällt nicht ein, was und womit er spielen soll. Willi lädt seinen Freund Max oft zu einer gemeinsamen Entdeckungsreise ein, doch dazu hat Max keine Lust. Also macht sich Willi allein auf die Suche nach neuen Schätzen. Meist sind seine Hosentaschen viel zu klein, um alles darin zu sammeln, was er von seinen Entdeckungsausflügen mitnehmen will. Deshalb näht seine Mutter ihm eine Hose mit breiten Trägern und riesengroßen bunten Taschen. Willi freut sich sehr darüber, denn endlich sind seine Taschen groß genug. Aus bunten Stoffresten hat ihm seine Mutter eine Schirmmütze genäht. In der neuen Hose und mit der bunten Schirmmütze fühlt Willi sich sehr wohl.

Immer wenn er die Hose und die Kappe trägt, weiß seine Mutter, dass er heute wieder sammeln geht. Hin und wieder ist Willi abends so müde vom Sammeln, dass er es nicht mehr schafft, seine Taschen zu leeren. Wenn seine Mama für ihn die Taschen leert, ist sie oft sehr erstaunt, was Willi alles anschleppt. Manchmal möchte sie einiges wegwerfen, doch Willi erinnert sie daran, dass alles sehr wichtig für ihn ist und sie gar nichts wegwerfen darf. Mama schmunzelt dann, streichelt seinen Kopf und sagt: »Ich weiß, und deshalb bist du für mich mein kleiner Willi Wichtig oder kurz gesagt Wiwi.«

Auswertung:	Die Kinder können Bilder von Willi malen. Diese werden dann als Fotocollage an die Wand gehängt.
Variation:	Der Umriss eines Kindes wird aufgemalt. Nun kann in Gemeinschaftsarbeit ein Willi Wichtig entstehen.
Besonderer Tipp:	Willi als Handpuppe, mit dem die Kinder spielen können, der sie tröstet, dem sie etwas erzählen können oder der sie durch den Kindergartentag begleitet.

Meine Hose, die hat Taschen

Refrain:

Mei - ne Ho - se, die hat Ta - schen, vie - les kann ich da - rin las - sen. Ich sam - mel hier und sam - mel dort, und fin - de was an je - dem Ort. Ja, je - des Kind braucht Ho - sen - ta - schen, dort kann man viel ver - schwin - den las - sen.

1. Strophe:

Man kann mich beim Spa - zie - ren - gehn dann oft ganz flei - ßig sam - meln sehn. Blät - ter, Grä - ser, Zwei - ge, Äs - te,

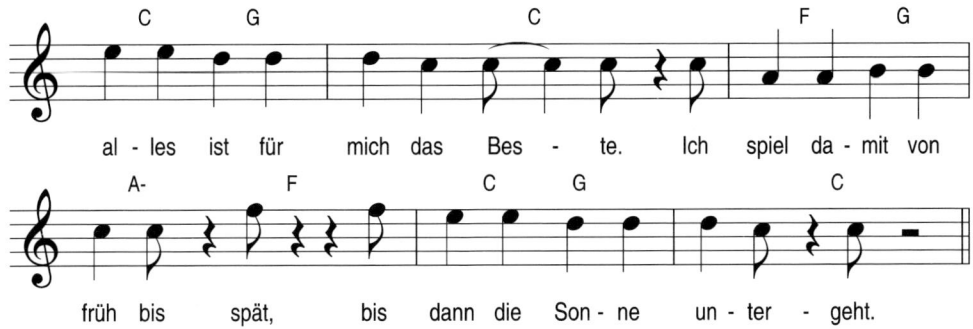

al - les ist für mich das Bes - te. Ich spiel da - mit von früh bis spät, bis dann die Son - ne un - ter - geht.

Refrain: Meine Hose ...

2. Strophe: Auch Schnecken, Käfer klitzeklein,
                  die steck ich in die Taschen rein.
                  Und später denk ich mir was aus,
                  ich nehme alles mit ins Haus.
                  Ich spiel damit von früh bis spät,
                  bis dann die Sonne untergeht.

Refrain: Meine Hose ...

3. Strophe: Langeweile kenn ich nicht
                  und ganz viel Spielzeug brauch ich nicht.
                  Geh in den Keller und fang dann
                  dort wieder mal zu sammeln an.
                  Ich spiel damit von früh bis spät,
                  bis dann die Sonne untergeht.

Refrain: Meine Hose ...

Willi und seine Winzlinge

Eine Geschichte

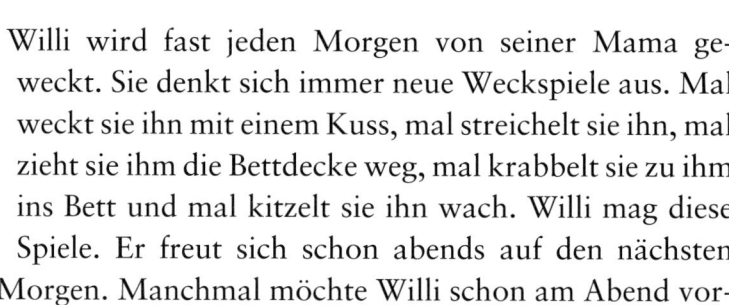

Willi wird fast jeden Morgen von seiner Mama geweckt. Sie denkt sich immer neue Weckspiele aus. Mal weckt sie ihn mit einem Kuss, mal streichelt sie ihn, mal zieht sie ihm die Bettdecke weg, mal krabbelt sie zu ihm ins Bett und mal kitzelt sie ihn wach. Willi mag diese Spiele. Er freut sich schon abends auf den nächsten Morgen. Manchmal möchte Willi schon am Abend vorher wissen, wie ihn seine Mama am nächsten Morgen wecken wird. Doch das verrät sie ihm nicht, das bleibt ihr Geheimnis.

Heute Morgen wird Willi durch ein ganz sanftes Kitzeln aus seinem Traum geholt. Er spürt es an seinem großen Zeh. Noch etwas müde öffnet er die Augen und ist sehr erstaunt. Irgendetwas kitzelt ihn, aber Mama ist gar nicht in seinem Zimmer. Aber wer kitzelt ihn dann, wenn Mama es nicht ist? Willi bleibt ganz still liegen. Er bewegt sich nicht. Er achtet nur auf das Kitzeln. Jetzt spürt er es schon an seinem Bein. Es krabbelt dort ganz langsam hoch. Willi schiebt die Bettdecke fort und entdeckt auf seinem Knie einen winzigen Käfer. Vorsichtig lässt er ihn auf seine Hand krabbeln. Willi schaut ihn sich genau an. Er ist wunderschön. Plötzlich hört er eine leise Stimme. Es ist der Käfer, der mit ihm spricht:

»Was schaust du mich so merkwürdig an, hast du noch nie einen Käfer gesehen?«, fragt der kleine Käfer und ist dabei etwas unfreundlich. Willi ist so überrascht, dass er gar nicht antworten kann.

»Bring mich zurück auf meine Wiese. Hier in deinem Bett gefällt es mir gar nicht.«

16

Willi steht auf, setzt den Käfer in ein Glas und geht, ohne Schuhe und Strümpfe anzuziehen, auf eine nahe gelegene Wiese. Kaum hat Willi sie erreicht, da fliegt der kleine Käfer auch schon fort. Er steht da und schaut dem kleinen Winzling so lange hinterher, bis er verschwunden ist. Da er barfuß ist, spürt er mit seinen nackten Füßen das Gras und auch noch einige andere Krabbeltiere. Er schaut auf den Boden und sieht, dass auf dem einen Fuß eine Schnecke und auf dem anderen eine Ameise sitzt. Willi hebt beide auf und legt sie in sein Glas. Dort kann er die beiden gut beobachten.

Auf einmal hat er eine Idee. »Heute sammle ich Wiesenwinzlinge«, sagt er. Willi braucht nicht lange zu suchen, denn auf der Wiese leben unzählige davon. Er findet einen Tausendfüßler, eine Raupe, zwei dicke Regenwürmer, eine Nacktschnecke und noch einige Käfer. Diese legt er heute einmal nicht in seine Tasche, sondern sie kommen alle in das Glas. Es dauert gar nicht lange, da hat er sein Glas gut gefüllt. Willi macht sich auf den Heimweg, denn langsam bekommt er Hunger. Auf einmal sitzt der kleine Käfer wieder auf seiner Hand. »Ich bin wieder da«, sagt er jetzt mit freundlicher Stimme. »Nimm mich doch bitte auch mit. Ich möchte doch gerne bei dir bleiben. Eben hatte ich Hunger und war deshalb ein wenig unfreundlich. Jetzt aber geht es mir wieder gut und ich möchte mich für die unhöflichen Worte entschuldigen.« Willi verzeiht ihm und steckt ihn zu den anderen Winzlingen ins Glas.

Zu Hause stellt er das Glas auf die Terrasse. Seine Mutter holt ihm aus dem Keller einen alten großen Glasbehälter, in dem früher Fische waren. Daraus will Willi ein Terrarium machen, so nennt man die Glasgefäße, in die solche Winzlinge kommen. Dazu holt er Sand, Erde, Steine und füllt dieses schichtweise in das Glas. Seine Mutter sticht ihm ein Stück Wiese ab. Die legt Willi als letzte Schicht in das Glas und nun können alle Winzlinge sich hier wohl fühlen. Das Terrarium sieht aus wie eine richtige Wiese. Nach getaner Arbeit setzt sich Willi davor und kann in aller Ruhe seine Krabbeltiere beobachten. Er gibt jedem Tier einen Namen und schaut den ganzen Tag dem Treiben der Krabbeltiere zu. Als es abends dunkel wird,

deckt Willi das Terrarium mit einer Gardine ab. Nur den kleinen Käfer, den nimmt er mit in sein Zimmer. Er fliegt auf das Fensterbrett und beide schlafen ganz schnell ein.

Abrundung: Die Kinder gehen auf eine Wiese und schauen sich nach Winzlingen um. Wenn die Möglichkeit besteht, kann auch für einige Tage ein Terrarium aufgestellt werden.

Ein Besuch
bei den Wiesenzwergen

Eine Phantasiereise

Raumvorbereitung: Ein ruhig gelegener Raum wird verdunkelt und mit Hilfe von Kerzen in ein Traumzimmer verwandelt. Decken für ca. 6 – 8 Kinder werden in Kreisform gelegt. Es wird eine Mitte, z.B. aus einem Seidentuch, einer Duftschale und vielen bunten Wiesenblumen, gestaltet. Ein Kassettenrekorder mit meditativer Musik und ein Korb mit Gänseblümchen stehen griffbereit.

Einstieg: Die Kinder setzen sich auf die Decke, schließen die Augen und bilden mit der Hand eine Schale. Mit Hilfe meditativer Musik werden sie zur Ruhe gebracht. Die Erzieherin legt jedem Kind ein Gänseblümchen in die Hand. Haben die Kinder dieses wahrgenommen, öffnen sie die Augen, betrachten, befühlen

es, riechen an ihm und erzählen das, was ihnen spontan dazu einfällt. Die Gänseblümchen werden in die Mitte gelegt, und die Erzieherin weist darauf hin, dass diese Blumen in der folgenden Traumgeschichte ein wichtige Rolle spielen. Danach werden die Kinder von der Erzieherin gebeten, sich auf die Decke zu legen und die Augen zu schließen. Meditative Musik untermalt diese Reise.

Text:

Weißt du eigentlich, dass auf jeder Wiese Wiesenzwerge wohnen?
Sie sind so klein, dass du sie nur mit einer Lupe entdecken kannst.
An ganz besonderen Tagen, nämlich nur dann, wenn du draußen den Kuckuck hörst, kommen die Zwerge aus ihren Wohnungen unter der Erde und sind dann auf der Wiese zu finden.
Heute möchte ich mit dir eine Traumreise machen, dann kannst du sie schon einmal kennen lernen und wenn sie dir später auf der Wiese begegnen, sind sie dir nicht mehr fremd.
Leg dich nun locker und entspannt auf deine Decke, schließ die Augen und stell dir vor, du bist auf einer bunten Wiese.
Auf ihr wachsen viele Blumen, rote, blaue und gelbe.
Es ist um dich herum ganz still.
Riechst du den frischen Grasduft?
Schau einmal genau ins Gras.
Dort, direkt vor deinen Füßen siehst du die Wiesenzwerge.
Schau dir die Zwerge gut an.
Wie sehen sie aus?
Sehen sie so aus wie die Zwerge von Schneewittchen?
Mit klitzekleinen Schaufeln, Eimern und Hacken machen sie den Wiesenboden sauber und lockern ihn.
Einige Zwerge pflücken Gänseblümchen und machen daraus wunderschöne Kränze und Ketten.
Schau mal, ein kleiner Zwerg lächelt dich an.
Er will dir etwas schenken.
Reich ihm deine Hand.
Er schenkt dir einen Gänseblümchenkranz.
Du hängst ihn dir um und bedankst dich bei dem freundlichen Wiesenzwerg.
Sei mal ganz still, hörst du sie singen?
Sie singen ein Lied vom Gänseblümchen.
Hör es dir gut an.

20

Eine kleine Glockenblume läutet.
Mit einem Mal beenden die Zwerge ihre Arbeit, und noch bevor du dich verabschieden kannst, sind sie in einem winzigen Erdloch verschwunden.
Du bleibst noch einige Zeit still auf der Wiese stehen.
Doch dann gehst du zurück in deine Welt.
Unterwegs denkst du an die Zwerge und der Gänseblümchenkranz erinnert dich an dieses schöne Erlebnis.
Nun bist du wieder zurück in deiner Welt.
Bewege langsam deine Finger, deine Arme, deine Zehen, deine Beine, deinen ganzen Körper, reck und streck dich, gähne laut und öffne deine Augen.
Du bist wieder hier in deinem Zimmer.

Auswertung: Nachdem die Kinder in einem Gespräch über ihre Traumreise berichtet haben, bekommen sie eine Holzunterlage, Papier und Stifte und können ein Bild von ihrer Phantasiereise malen.

Hinweis: Meditative Musik zu dieser Phantasiereise finden Sie auf der CD *Schätze aus der Hosentasche. Neue Lieder – großer Spaß.*

Ri, ra, rutsch,
der Regenwurm ist futsch

Ein Fingerspiel

Jedes Kind bekommt einen Wollfaden. Es nimmt ihn und versteckt ihn hinter dem Rücken.

Am Morgen, wenn der Tag erwacht,
ein Wurm seinen Spaziergang macht. *Den Faden hervorholen.*

Er kriecht vorwärts ohne Ruh,
komm, schau ihm dabei mal zu. *Den Faden an den Beinen hochziehen.*

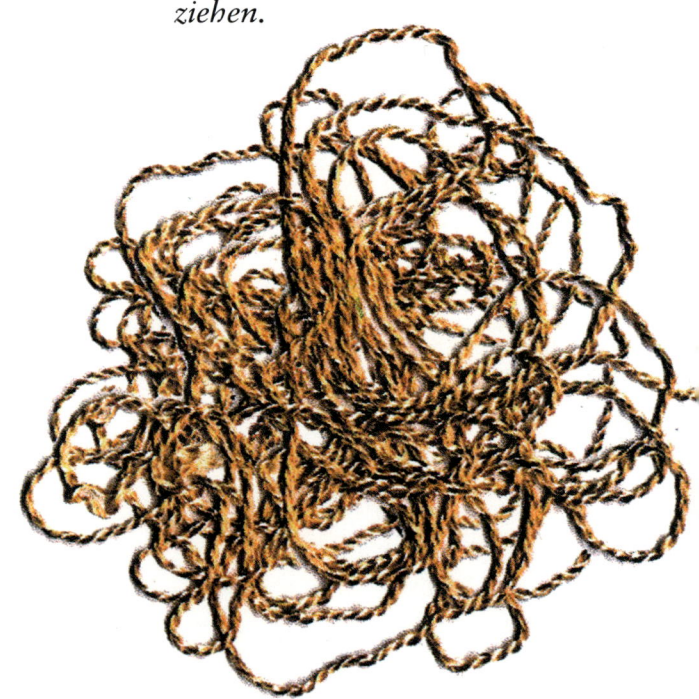

Er ruht sich aus auf einem Stein,
der Regenwurm ist so allein.

*Den Faden auf der geballten
Faust liegen lassen.*

Dann schiebt er sich ganz sacht voran,
wie das ein Regenwurm so kann.

Den Faden über den Arm ziehen.

Doch plötzlich, ri, ra, rutsch,
ist er auf einmal futsch.

*Den Faden schnell hinter dem
Rücken verstecken und in die
andere Hand nehmen.*

Doch schau, der Wurm ist wieder da,
wohin er wohl verschwunden war?

*Den Faden mit der anderen
Hand zeigen.*

Er kriecht vorwärts ohne Ruh,
komm, schau ihm dabei einmal zu.

*Den Faden am anderen Bein
hochziehen.*

Er ruht sich aus auf einem Stein,
der Regenwurm ist so allein.

Den Faden auf die andere Hand legen.

Dann schiebt er sich ganz sacht voran,
wie das ein Regenwurm so kann.

Den Faden über den anderen Arm ziehen.

Doch plötzlich, ri, ra, rutsch,
ist er auf einmal futsch.

Den Faden hinter dem Rücken verstecken und dort in eine Hand schieben. Er darf nicht mehr zu sehen sein.

Der Regenwurm ist nun zu Haus,
er ruht sich in der Erde aus.

Die Faust zeigen.

Regentropfen fallen nieder,
vielleicht kommt gleich der Wurm
ja wieder.

Die Finger der anderen Hand tippen auf die Faust.

Komm mit mir auf die Wiese

Refrain:

Komm mit mir jetzt auf die Wie - se,

denn dort woll'n wir su - chen gehn.

Komm mit mir jetzt auf die Wie - se,

denn dort gibt es viel zu sehn.

Dort krab - beln Kä - fer klit - ze - klein,

dort ist kein Kä - fer ganz al - lein.

Refrain:	Komm mit mir jetzt auf die Wiese …
2. Strophe:	Regenwürmer und auch Grillen, Ameisen und kleine Spinnen, die kennen sich im Grünen aus, die Wiese, die ist ihr Zuhaus.
Refrain:	Komm mit mir jetzt auf die Wiese …
3. Strophe:	Eine Schnecke kriecht, sei leise, sie macht eine weite Reise, trifft Krabbeltiere ohne Zahl, komm, bücke dich und schau einmal.
Refrain:	Komm mit mir jetzt auf die Wiese …
4. Strophe:	Auch Tausendfüßler kann man sehn im weichen Gras spazieren gehn. Sie treffen Freunde hier und dort, die Wiese ist ein schöner Ort.
Refrain:	Komm mit mir jetzt auf die Wiese …

Klitzekleine Krabbeltiere

Turnspiele

Den Kindern wird eine Geschichte erzählt. Die Bewegungen der Tiere werden gemeinsam durchgeführt. Mit verschiedenen Turngeräten wird eine Turnlandschaft aufgebaut. Für die Geschichte werden benötigt: zwei lange Bänke, eine Leiter, einige Bierkästen oder Kästen, Bierdeckel, Matten, eine Decke.

Die Kinder treffen sich auf der Decke. Erzieherin: »Heute machen wir einen Wiesenspaziergang und sagen dabei vielen Tieren Guten Tag.« Um die Wiese unter den Füßen richtig zu spüren, ziehen alle Schuhe und Strümpfe aus und stellen sich auf die Decke. Sie spüren mit geschlossenen Augen das imaginäre Gras. Mit Hilfe ihrer Phantasie soll dann jedes Kind auf dieser Wiese ein Tier entdecken. Nach dem Glockenton öffnen sie die Augen. Anschließend können die Kinder erzählen, welche Tiere sie getroffen haben. Mit Unterstützung eines Liedes können nun die Bewegungen der Tiere imitiert werden.

Lied nach der Melodie: »Zeigt her eure Füße«

Zeigt her eure Füße und gebt einmal Acht,
was so ein Schmetterling denn heute alles macht.
Er fliegt, er fliegt ganz leise hin und her,
er fliegt, er fliegt, das fällt ihm gar nicht schwer. *Durch den Raum fliegen.*

Zeigt her eure Füße und gebt einmal Acht,
was so ein Käfer denn heute alles macht.
Er krabbelt, er krabbelt, er krabbelt hin und her,
er krabbelt, er krabbelt,
das fällt ihm gar nicht schwer.

*Durch den Raum
krabbeln.*

Zeigt her eure Füße und gebt einmal Acht,
was so ein Regenwurm denn heute alles macht.
Er kriecht, er kriecht, er kriecht so hin und her,
er kriecht, er kriecht,
das fällt ihm gar nicht schwer.

*Durch den Raum
kriechen.*

Zeigt her eure Füße und gebt einmal Acht,
was so eine Ameise heute alles macht.
Sie läuft schnell, sie läuft schnell,
sie läuft schnell hin und her,
sie läuft schnell, sie läuft schnell,
das fällt ihr gar nicht schwer.

*Durch den Raum
laufen.*

Die Kinder setzten sich wieder auf die Decke. Die Erzieherin lädt die
Kinder zu einer Geschichte ein, bei der die Bewegungen der Tiere eben-
falls imitiert werden. Die bereitgestellten Geräte werden gleichfalls in die
Geschichte einbezogen.

Text:

Es ist Sonntag und ich bin schon ganz früh wach. Die Sonne blinzelt in mein Zimmer und lädt mich zu einem Spaziergang ein. Ich steh auf, reck und streck mich, wasch mich, zieh mich an und dann laufe ich hinaus. Das Wetter ist wunderschön und noch einmal recke ich mich der Sonne entgegen. Schnell mache ich meine Morgengymnastik. Ich springe wie ein Hampelmann, mache Kniebeugen, laufe schnell auf der Stelle und springe hoch in die Luft. Nun bin ich für einen Spaziergang bereit.

Die Bewegungen werden jeweils nachgemacht.

In der Ferne sehe ich eine bunte Wiese. Schnell laufe ich dort hin. Viele Schmetterlinge kommen auf mich zu. Sie fliegen von Blume zu Blume und ihre bunten Flügel schimmern in der Sonne.

Die Kinder laufen durch den Raum und bewegen die ausgestreckten Arme auf und ab.

Nach wenigen Metern entdecke ich auf der Erde einen dicken Käfer. Er liegt hilflos auf dem Rücken und strampelt mit seinen dünnen Beinen in der Luft herum.
Ich hebe ihn auf und vergnügt krabbelt er davon.

Die Kinder legen sich auf den Rücken und strampeln mit Händen und Füßen.
Die Kinder krabbeln durch den Raum.

Nach kurzer Zeit entdecke ich einen dicken Regenwurm. Er kriecht über ein Stück Holz, das auf dem Boden liegt.

Die Kinder ziehen sich über die Langbank.

Munter hüpfe ich weiter über die Wiese. Dabei springe ich von Stein zu Stein, so wie ein kleiner Frosch.

Die Kinder springen von einer Matte zur anderen.

29

Unter einem Baum mache ich eine Pause. Ich beobachte, wie unzählige kleine, flinke Ameisen den Baumstamm hinaufkrabbeln.

Die Kinder krabbeln über eine Leiter, die auf zwei Kästen gelegt wird.

Mit einem Mal sind sie alle in der Rinde verschwunden. Ich gehe weiter und balanciere über eine schmale Brücke. Dabei begegne ich einer Schnecke, die mit ihrem Haus auf dem Rücken langsam vorwärts kriecht.

Die Kinder balancieren über eine umgedrehte Bank.

Die Erzieherin legt jedem Kind einen Bierdeckel auf den Rücken. Die Kinder kriechen damit durch den Raum.

Ich entdecke einen kleinen Stein (Bierdeckel), nehme ihn und werfe ihn in einen See.
O weh, dunkle Wolken bedecken den Himmel und hin und wieder spüre ich schon Regentropfen.

Die Kinder werfen den Bierdeckel in eine Ecke.

Die Kinder klopfen mit den Fingern auf den anderen Arm.

Schnell beende ich meinen Spaziergang und laufe nach Hause.
Ich balanciere über die Brücke und laufe weiter.

Die Kinder laufen durch den Raum.

Die Kinder balancieren über die schmale Bankseite und laufen durch den Raum.

Ich springe von Stein zu Stein und laufe, so schnell ich kann, nach Hause.

Die Kinder springen von Matte zu Matte und laufen zur Decke zurück.

Zu Haus höre ich ein Donnern.

Die Kinder stampfen mit den Füßen auf den Boden.

Doch das macht mit gar nichts aus.
Ich sitze am Fenster und schaue in den Regen.

Die Kinder sitzen wieder auf der Decke.

30

Willi und die kleine Feder Federleicht

Eine Geschichte

Heute will Willi zum Bauern Droste gehen. Der hat seinen Hof direkt um die Ecke. Willi ist gern dort auf dem Hof. Er hilft den Schweinestall auszumisten, gibt den Kühen Heu, sammelt im Hühnerstall Eier oder bürstet das Pferd Jonas. Hin und wieder fährt er auf dem Traktor mit dem Bauern aufs Feld und schaut ihm beim Säen zu.

Heute aber will Willi im Hühnerstall helfen. Bauer Droste baut für die Hühner einen neuen, viel größeren Stall mit einem großen Freilauf. Wie jeden Tag zieht Willi seine Hose mit den großen Taschen an, frühstückt und dann läuft er los. Als er auf dem Hof ankommt, ist der Bauer schon im Stall. Die Hühner müssen eingefangen und für kurze Zeit in einen Käfig gesperrt werden. Doch vorher sammelt Willi die Eier ein. Heute haben die Hühner besonders viel gelegt. Nachdem der Stall leer ist, wird er gründlich gefegt. Dabei entdeckt Willi zwischen vielen anderen Federn eine ganz besonders schöne. Sie ist winzig klein, wuschelig und sonnengelb. Er hebt sie auf und steckt sie in seine Hosentasche.

Willi findet an diesem Nachmittag noch viele Dinge, die er gebrauchen kann. So steckt er alte Schrauben ein, findet in einer Ecke einige bunte Glasscherben und steckt zum guten Schluss noch ein Stück Gummischlauch ein. Mit vollen Hosentaschen geht Willi am Nachmittag nach Hause. Als er seine kleinen Schätze auspackt und in seinen Karton legen will, fällt ihm die Feder wieder auf. Er nimmt sie in seine Hand und hält sie in das Sonnenlicht. Sie schimmert und glänzt. Sofort weiß Willi, dass das eine besondere Feder ist. Auf einmal hört er, wie die kleine Feder sagt: »Komm, schließ die Augen, ich erzähle dir eine schöne Geschichte.«

Willi schließt die Augen und hört zu.

In der Ecke eines Hühnerhofes lag zwischen vielen anderen Federn eine kleine, leuchtend gelbe. Doch sie war so klein, dass sie zwischen den großen Federn kaum auffiel. Jeden Tag kamen die Kinder aus der Nachbarschaft und sammelten die schönsten und größten Federn auf. Daraus bastelten sie zu Hause wunderschöne Dinge. Die kleine, gelbe Feder aber wurde von niemandem bemerkt. Eines Tages lag sie ganz allein in dem großen Hühnerhof. Alle anderen Federn waren fort. »Ach«, dachte sie, »keiner will mich haben. Wenn ich doch jemanden hätte, mit dem ich mich unterhalten könnte. Mir ist so langweilig.« Das hörte der Wind, der über den Hof fegte, und er sagte leise: »Willst du mit mir fliegen? Ich könnte dir eine Menge zeigen.« Die kleine Feder freute sich über diese Einladung und sofort wurde sie von dem Wind fortgetragen. Leicht und vergnügt tanzte sie hin und her, auf und ab und machte dabei viele Purzelbäume. »Du bist sehr leicht«, sagte der Wind, »und deshalb nenne ich dich Federleicht.« Darüber freute sich die kleine Feder. Der neue Name gefiel ihr sehr gut. Plötzlich fiel sie auf die feuchte Nase vom Hofhund Nero. Er spürte die kleine Feder sofort. Doch bevor er zuschnappen konnte, hatte der Wind Federleicht schon weitergetragen. Dann landete sie sanft auf einer schönen, leuchtenden Blume. Dort konnte sie sich erst einmal von dem Schrecken erholen. Die kleine Blume schaukelte Federleicht hin und her. Hier war es sehr schön. Der Duft der Blume stieg Federleicht in die Nase. Sie atmete ihn tief ein und fühlte sich dabei sehr wohl. »Ich muss weiter«, sagte der Wind. Nun pustete er einmal ganz fest und Federleicht landete in einem kleinen Bach. Sofort wurde sie von dem klaren, kühlen Wasser fortgetragen. Wie ein Blitz sauste sie davon. Unterwegs gab es viel zu sehen. Ihre Fahrt führte an Wiesen vorbei, auf denen Kühe und Pferde grasten. Federleicht schaute in die Wolken. Sie zogen mit. Diese blitz-

schnelle Fahrt gefiel der kleinen Feder sehr gut. Mit einem Mal wirbelte sie durch die Luft und landete direkt auf einem Zaun. Oje. Hier lag sie ganz schön wackelig. Ruhig blieb sie liegen und wagte nicht sich zu bewegen. Plötzlich sah sie direkt über sich einen langen, spitzen Schnabel. Zwei gro-ße Augen schauten sie an. Noch bevor Federleicht um Hilfe rufen konnte, wurde sie von dem Schnabel erfasst und fortgetragen. Schon nach kurzem Flug wurde sie in einem Nest abgelegt. Hier lag sie mit vielen anderen klei-nen Federn, die alle so aussahen wie sie. Federleicht hatte Angst. Sie wollte wieder nach Hause. Was würde nun mit ihr geschehen? »Sei begrüßt im Vogelnest«, sagte eine kleine Feder mit freundlicher Stimme. Federleicht war verwirrt. »Warum sind wir hier?«, fragte sie ängstlich. Eine andere kleine Feder neben ihr sagte: »Wir werden gebraucht. Der Vogel baut aus *uns ein Nest. Wenn es fertig ist, legt er die Eier dort hinein und dann kann er brüten. Wenn es uns kleine weiche Federn nicht gäbe, könnten die Vögel keine so weichen Nester bauen.« Federleicht war nun sehr stolz. Sie spürte, dass sie gebraucht wurde und wichtig war. Die Tage vergingen und Federleicht konnte viel erleben und sehen. Sie sah, wie die Vögel ausgebrütet und von ihren Eltern gefüttert wurden, und sie sah auch, wie sie fliegen lernten.*

Eines Tages war das Nest wieder leer. Die Vögel waren fort und kamen nicht zurück. Federleicht lag in dem Nest und dachte an das, was sie erlebt hatte. Auf einmal spürte sie, wie etwas an ihr rüttelte, und plötzlich wurde sie fortgetragen. Ihr Freund, der Wind, hatte sie abgeholt und brachte sie zurück in den Stall. Dort lag sie nun wieder allein und dachte an ihre abenteuerlichen Reise zurück.

Willi öffnet die Augen und sagt mit einem Lächeln: »Das hast du alles erlebt. Ich freue mich, dass ich dich gefunden habe.« Stolz legt er die kleine Feder in den Korb und schläft zufrieden ein.

Abrundung:	Die Erzieherin zeigt einige Federn. Gemeinsam werden sie bestimmten Vögeln zugeordnet. In den kommenden Tagen können die Kinder Federn aller Art sammeln und in den Kindergarten mitbringen. So kann ein Federmuseum eingerichtet werden.
Weitere Möglichkeiten:	Besuch einer Voliere oder eines Bauernhofes mit freilaufenden Hühnern.

Die beiden Hühner Hick und Hack

Eine Bewegungsgeschichte

Hinweis: Bei dem Wort »Hick« stehen die Kinder auf oder bleiben stehen und bei dem Wort »Hack« bleiben sie sitzen oder setzen sich.

Heute möchte ich euch zwei Hühner vorstellen. Sie heißen Hick und Hack. Hick sieht aus wie ein Erdhuhn und hat ein braunes Federkleid. Hack dagegen sieht aus wie ein Schneehuhn und hat ein weißes Federkleid. Sie leben schon seit vielen Jahren in dem Stall von Bauer Biene. Hick und Hack sind zwei fleißige Hühner. Sie legen jeden Tag zusammen sieben Eier. Bauer Biene ist stolz auf seine fleißigen Hühner.

Eigentlich sind Hick und Hack mit ihrem Hühnerleben sehr zufrieden. Sie bekommen gutes Futter und laufen den ganzen Tag vor dem Stall herum. Dort können sie picken oder einfach nur ruhen. Das Gelände ist mit einem Maschendraht eingezäunt. Hick und Hack möchten gern einmal auf die große grüne Wiese, die hinter dem Zaun liegt. Eines Tages entdeckt Hick beim Picken ein Loch. Schnell ruft Hick nach Hack. Sofort kommt Hack angelaufen. Es steht für beide fest: Durch dieses Loch wollen sie hinaus, um sich einmal auf der grünen Wiese umzuschauen. Zuerst schlängelt sich Hack durch das Loch und danach Hick. Hick und Hack laufen nun hintereinander her und erkunden die Wiese. Hmmh, wie sie duftet. Der frische Grasgeruch steigt ihnen in die Nase und beide bekommen riesengroßen Hunger. Hack und Hick können nicht widerstehen und den ganzen Tag fressen sie von dem saftigen Gras. Dabei merken sie gar nicht, dass es dunkel wird. Hick und Hack finden den Weg nicht mehr zurück in ihren Stall. Also suchen sie sich hier auf der Wiese einen Schlafplatz. Hack entdeckt einen dicken Baum. Die beiden laufen schnell dorthin. Hick und Hack rücken ganz dicht zusammen. Doch was nun? Hick und Hack können nicht einschlafen. Überall hören sie fremde Geräusche und der Wind weht durch ihr Federkleid. Hack hat Angst und rückt näher an Hick. Auch Hick hat Angst und rückt noch näher an Hack. Ohne auch nur einen Augenblick zu schlafen, verbringen sie die Nacht unter dem Baum. Als die Sonne aufgeht, laufen Hick und Hack zurück in den Stall. Bauer Biene sieht sie kommen und freut sich, die beiden wieder zu sehen. Hick und Hack laufen zu ihren Nestern und schlafen dort sofort ein. Heute legen Hick und Hack keine Eier, denn sie müssen sich von der anstrengenden Nacht erholen. Seid einmal ganz still, wenn ihr genau hinhört, dann hört ihr sie ganz leise gackern: hick, hack, hick, hack ...

Drei Federn auf dem See

Eine Klanggeschichte

Materialien: Einige Orff-Instrumente

Hinweis: Die verschiedenen Bewegungen werden durch Orff-Instrumente dargestellt.

Auf einem See schwimmt leicht und beschwingt eine kleine Feder. Vom Wind wird sie hin und her geschaukelt. Die Sonne schaut dabei zu und freut sich. Sie schickt der Feder viel Wärme. Plötzlich fällt eine zweite kleine Feder auf das Wasser. Ganz leicht macht es »pitsch«, und nun schaukeln zwei Federn leicht hin und her. Aber schon nach wenigen Minuten macht es wieder ganz leise »pitsch« und eine weitere Feder fällt auf das Wasser. Jetzt schwingen drei Federn hin und her. »Woher kommen die anderen Federn? Fallen sie vom Himmel?«, fragt sich die kleine Feder und schaut nach oben.

Sie entdeckt am Ufer einen großen alten Baum. Seine Blätter rascheln leise im Wind. In diesem großen Baum wohnt ein Vogelpaar. Es ist gerade dabei, sich ein Nest zu bauen. Schon viele Stunden fliegen die Vögel hin und her, und immer haben sie etwas im Schnabel: kleine Äste, Zweige, Blätter und auch Federn. Damit bauen sie ihr Nest. Es ist eine schwere Arbeit, und dabei fallen hin und wieder kleine Dinge ins Wasser, so wie die anderen Federn.

Mit einem Mal wird der Wind stärker und dunkle Wolken verdecken die Sonne. Der Wind bläst mit aller Kraft, und die Blätter der Bäume singen laut ein Lied. Er saust und braust und wirbelt dabei den kleinen See durcheinander. Seine Wellen werden immer größer und kräftiger. Die drei kleinen Federn werden wild auf und ab geschaukelt. Die Vögel sitzen im Baum und warten darauf, dass der Sturm sich legt. Dabei weht der Wind durch ihr Federkleid. Doch schon nach kurzer Zeit legt sich der Sturm. Er bläst nur noch ganz schwach, und die Vögel können ihre Arbeit fortsetzen. Auch der kleine See beruhigt sich. Die Wellen schaukeln die drei kleinen Federn wieder sanft hin und her. Es ist nun friedlich an diesem See, und die Sonne deckt alles mit ihren warmen Strahlen zu.

Vertiefungsvorschlag: Darstellung der Geschichte

Eine Feder auf der Haut

Körpererfahrungsspiele

Materialien: Viele Federn in einem Weidenkorb, für jedes Kind ein großes Federkissen (Kopfkissen), ruhige Musik, ein Kassettenre-
corder, Kerzen in Gläsern, eine Duftlampe, eine Lampe, ein
großes Seidentuch

Raumvorbereitung: Der Raum ist verdunkelt und erwärmt. Die Kopfkissen sind
in Kreisform angeordnet. In der Mitte steht der Korb mit Federn. Er ist mit einem Tuch zugedeckt. Kerzen in Gläsern
und eine Duftlampe schmücken den Raum.

Ablauf: In leichter Kleidung (Gymnastikbekleidung) setzen sich die
Kinder auf die Kissen. Sie werden aufgefordert, den Inhalt
des Korbes zu erfühlen. Danach können sie mit den Federn
experimentieren, z.B. tragen, fliegen lassen, sich mit ihnen
streicheln.
Nach dieser Phase werden einzelne Spiele aufgegriffen und
gemeinsam durchgeführt.
In einem anschließenden Gespräch können Erfahrungen ausgetauscht werden.

Vorschläge für federleichte Spiele

Die Federn werden auf das große Tuch gelegt. Die Kinder fassen das Tuch
an, heben es an, ziehen es glatt, und gemeinsam pusten sie so, dass die Federn auf dem Tuch tanzen, aber nicht herunterfallen.

Das Tuch wird leicht bewegt, sodass die Federn springen, aber nicht herunterfallen.

Das Tuch wird durch den Raum getragen, ohne dass eine Feder herunterfällt.

Ein Gespräch über gemachte Erfahrungen schließt sich an. Die Federn werden wieder in den Korb gelegt.

Weitere Vorschläge von den Kindern werden aufgegriffen.

Atemspiele

Die Kinder setzen sich auf ihr Federkissen. Sie schließen die Augen. In ihrer Phantasie sehen sie eine Feder, deren Farbe sie selbst bestimmen. Die Kinder versuchen, die imaginäre Feder durch Anpusten in der Luft zu halten. Dazu atmen sie immer wieder durch die Nase tief ein und durch den gespitzten Mund wieder aus.

Die Atmung sollte von der Erzieherin vorgestellt werden.

Die Kinder stehen und atmen tief durch die Nase ein. Dabei nehmen sie ihre Arme hoch in die Luft.

»Die Feder fliegt hoch in die Luft.«

Dann atmen sie durch den leicht geöffneten Mund wieder aus und nehmen dabei auch die Hände wieder nach unten. Dabei malen sie mit einem Finger von oben nach unten eine gewellte Linie oder eine Spirale.

Dieses Atemspiel wird mehrmals wiederholt.

»Die Feder fällt auf den Boden.«

40

Phantasiereise

Die Kinder sitzen im Schneidersitz auf dem Kissen. Sie legen ihre Hände auf die Knie, damit der Rücken gerade ist. Sie schließen die Augen und atmen tief ein und aus.

Text:

Stell dir vor, du fliegst auf einer Feder weit fort.
Leicht und leise schwebst du durch die Luft.
Schau mal nach unten, was siehst du?
Schau dir alles gut an.

Pause mit Musik. *(Die Erzieherin legt vor jedes Kind eine Feder.)* Die Musik wird ausgeblendet. Nach einer Zeit der Ruhe werden die Kinder mit einer Feder geweckt. Sie können von allem, was sie gesehen haben, berichten.

Partnerspiel

Dazu werden je zwei Kissen zusammengelegt und Paare gebildet. Ruhige Musik begleitet diese Übung. Ein Kind legt sich entspannt auf die Kissen. Das andere Kind streichelt nun diesem Kind die Arme, die Füße, den ganzen Körper (Partnerwechsel).

Die Kinder können ihre Erfahrungen in einem kurzen Gespräch austauschen.

Abschlussspiel

Ein Kind liegt in der Mitte. Es wird bei ruhiger Musik mit allen Federn zugedeckt, bleibt so einige Zeit liegen und nimmt diese Lage bewusst wahr. Danach schält es sich aus dieser Federdecke heraus und kann allen von den Erfahrungen berichten. Das Spiel kann auf Wunsch wiederholt werden.

41

Leicht wie eine Feder – schwer wie Blei

Experimente

In einem Raum werden drei Tische zum Experimentieren aufgestellt. Auf jedem Tisch stehen Experimentierhilfen wie Einmachgläser, Schalenwaage, Pendelwaage, eine Wanne mit Wasser. Ein Korb mit vielen verschiedenen Dingen, wie z.B. Steine, Federn, Styropor, Watte, Murmeln, Korken, Holz, Nägel, eine Flasche mit Öl, Zucker, Mehl, Luftballons, Bälle, Sand, Schaumgummi, Erbsen, Holzperlen, Kaffeepulver, wird in die Raummitte gestellt. Außerdem stehen viele kleine Symbolzettel, die die Erzieherin angefertigt hat, zur Verfügung. Ein Stempel mit einem beliebigen Motiv wird griffbereit gelegt. Zunächst sind die Materialtische abgedeckt.

Hinweis: Vor das Zimmer, in dem das Experiment stattfinden soll, wird für 6 Kinder ein Stuhlkreis gestellt. Dort wird die folgende Geschichte erzählt.

Ein Besuch bei Professor Grübel

Professor Grübel wohnt nicht weit von hier ganz allein in einem großen alten Haus. Dort experimentiert er den ganzen Tag in seinem Labor. Alles, was er sammelt, wiegt, misst oder untersucht er, und die Ergebnisse schreibt Professor Grübel in ein großes Buch. Er ist sehr schlau, und viele Kinder aus der Umgebung kommen zu ihm, wenn sie Fragen haben oder selbst einmal experimentieren wollen. Moritz, ein kleiner Junge aus der

Nachbarschaft, kommt fast täglich bei ihm vorbei. Er hat immer irgendetwas, was er mit Professor Grübels Hilfe erforschen will. Moritz macht das schon sehr gut und deshalb bekommt er zur Belohnung von Professor Grübel oft einen Stempel auf die Hand. Moritz ist dann sehr stolz, und wenn er groß ist, will er auch Professor werden, das steht für ihn jetzt schon fest. In den Ferien bekommt Moritz Besuch von seinem Freund Max. Moritz erzählt ihm von Professor Grübel. Und weil Max ihn auch einmal kennen lernen will, gehen sie gleich am nächsten Morgen mit einem Karton voller gesammelter Gegenstände zu Professor Grübel. Er soll ihnen helfen, aus diesen Sachen herauszufinden, was klein und doch schwer, was groß und doch leicht, was groß und schwer oder klein und leicht ist. Oje, das ist gar nicht so einfach. Max, Moritz und Professor Grübel experimentieren den ganzen Nachmittag. Die Ergebnisse schreiben sie auf eine große Übersichtstafel. Am Abend sind sie noch nicht fertig. In dem Karton sind noch viele leichte und schwere, große und kleine Dinge. Max und Moritz sind aber sehr müde, denn experimentieren strengt sehr an. Für heute wollen sie Schluss machen. Morgen geht es dann weiter. Max und Moritz verabschieden sich von Professor Grübel und gehen nach Hause. Auch Professor Grübel ist müde und legt sich sofort ins Bett. Aber er hat vergessen, die Tür zu seinem Labor abzuschließen. Deshalb können wir nun dort hinein, um auch einmal zu experimentieren. Und morgen, wenn Max und Moritz wiederkommen, dann sind sie bestimmt sehr erstaunt, dass alles fertig und sortiert ist.

Nach dieser Geschichte gehen alle in das Experimentierzimmer. Je zwei Kinder nehmen an einem Tisch Platz. Die Tische werden aufgedeckt. Nun können die Kinder Gegenstände aus dem Karton nehmen, große, aber leichte, kleine, aber schwere, große und leichte, kleine und schwere Dinge. Die Kinder experimentieren damit, wiegen und erproben sie. Zu den sortierten Gegenständen werden die entsprechenden Symbolkarten gelegt, z.B. Watte ist leicht (Feder) und klein (kleines Strichmännchen) oder Nagel ist klein (kleines Strichmännchen) und schwer (dicker Stein) usw.

Vorschläge für Experimente

1. Was schwimmt auf dem Wasser und was geht unter?
2. Was ist groß und leicht, klein und schwer?
3. Was fällt schnell zu Boden, was langsam?

Symbolkarten werden von den Erzieherinnen einige Tage vorher angefertigt, z.B.:

Feder	=	leicht
dicker Stein	=	schwer
kleines Strichmännchen	=	klein
großes Strichmännchen	=	groß

Abschluss: Zum Schluss können die Zuordnungen miteinander verglichen und Erfahrungen ausgetauscht werden.
Die Erzieherin bietet immer wieder ihre Hilfe an und steht den Kindern für Fragen zur Verfügung. Zum Schluss bekommt jedes Kind, genau wie Moritz, einen Stempel.

Sag, wer trägt ein Federkleid

Refrain:

Sag, wer trägt ein Fe - der - kleid

Komm, geh mit und nimm dir Zeit.

Schau dich um und sieh dir dann

mal die Fe - der - tie - re an.

1. Strophe:

Ja, brau - ne Fe - dern trägt das Huhn, es hat am
Ta - ge viel zu tun. Der Hahn trägt
Fe - dern bunt und schön, stolz siehst du
ihn spa - zie - ren gehn. Das
Kü - ken - kleid ist weich und warm, du
nimmst es ger - ne auf den Arm.

Refrain:	Sag, wer trägt ein ...
2. Strophe:	Schneeweiße Federn hat die Gans, beim Watscheln wackelt leicht ihr Schwanz. Wildentenfedern, die sind braun, und im Gebüsch sieht man sie kaum. Das Kleid der Küken ist sehr weich, sie schwimmen munter auf dem Teich.
Refrain:	Sag, wer trägt ein ...
3. Strophe:	Der Pfau trägt auch ein schönes Kleid, macht seine Federn ganz, ganz weit. Er dreht ein Rad, ist stolz und dann fängt er damit zu wedeln an. Der Papagei ist bunt und schön, den kannst du dir im Zoo ansehn.
Refrain:	Sag, wer trägt ...
4. Strophe:	Das Vogelkleid ist wunderschön, in vielen Farben kannst du's sehn. Mit ihrem leichten Federkleid, ja, damit fliegen sie ganz weit. Die Eule zeigt die Federn nicht, denn sie mag nicht das Sonnenlicht.
Refrain:	Sag, wer trägt ...

Willi und der rote Faden

Eine Geschichte

Willi ist heute zu Besuch bei der Oma. Er ist gern bei ihr, denn dort ist es immer sehr lustig. Sie kennt viele Spiele und liest ihm Geschichten vor. Aber besonders interessant findet Willi den Dachboden. Hier stehen eine Menge kleine Kästen und große Kartons, in denen er herumstöbern kann. Er hat schon viele brauchbare Dinge gefunden. Heute entdeckt er einen Karton mit Wollknäueln. Oma hat für ihn mit dieser Wolle Pullis und Socken gestrickt, doch heute, da ihre Augen schlechter geworden sind, kann sie nicht mehr stricken. Willi wühlt in der Kiste und entdeckt wunderschöne Wollreste.

Sofort hat er viele Ideen, was man mit der Wolle machen könnte. Er nimmt die Wollreste heraus und sortiert sie. Dabei übersieht er zunächst einen kurzen, roten Faden. Der hängt an einem Knäuel aus bunter, wuscheliger Wolle. Als er dieses Knäuel zur Seite legen will, fällt ihm der rote Faden auf. Willi nimmt ihn und schaut ihn sich gut an. Der Faden ist wunderschön. Er ist nicht dick, aber ganz besonders fest. Auch die rote Farbe gefällt ihm gut. Willi steckt diesen Faden zusammen mit anderen Wollknäueln in seine Hosentaschen und nimmt ihn mit nach Hause. Als er am Abend seine großen Taschen leert, fällt ihm wieder der rote Faden in die Hand. Willi setzt sich auf sein Bett und betrachtet ihn ganz genau. Mit einem Mal erzählt ihm dieser Faden eine Geschichte.

Es war einmal ein roter Faden, der nicht lang genug war, um daraus ein Wollknäuel zu wickeln. Er lag zwischen vielen Wollknäueln in einem Strickkorb. Jeden Tag wurden um ihn herum Knäuel weggenommen und zum Stricken, Sticken oder sogar zum Spielen gebraucht. Nur er wurde immer übersehen. Darüber war der rote Faden sehr traurig. Er fühlte sich nutzlos und völlig unbrauchbar. Er lag in dem Strickkorb und wurde von den anderen Knäueln unachtsam zerknüllt. Der kurze rote Faden spürte seine Trauer täglich mehr. »Ich muss den anderen beweisen, dass ich auch nützlich bin«, flüsterte er ganz leise und schlängelte sich zwischen den anderen Wollknäueln hindurch. Dabei bemerkte dieser kleine Faden, dass er sich mühelos verändern konnte. Auf seinem Weg durch die Wollknäuel war er zusammengerollt wie eine Schnecke, gestreckt wie ein Regenwurm, geschlängelt wie eine Welle und zackig wie die Zähne eines Krokodils. »Ich kann ja zaubern«, sagte er mit leiser, lachender Stimme. Als er erschöpft auf den anderen Wollknäueln lag, kam ihm plötzlich eine Idee. Von nun an kroch er jede Nacht, wenn es um ihn herum ganz still war, aus dem Korb und übte auf dem Teppich neue Zaubertricks. So war er mal ein Hase, ein Schmetterling, ein Haus oder eine wunderschöne Blume. Der rote Faden war stolz auf sich. Als er nach vielen Nächten im Zaubern ganz sicher war, weckte er die schnarchenden, dicken Wollknäuel und sagte stolz: »He, ihr dicken Wollknäuel, wacht auf. Ich will euch etwas zeigen.« Knurrig und mürrisch wachten sie auf, und der rote Faden sagte voller Freude: »Ich bin zwar nicht so lang wie ihr, aber ich kann zaubern.« Die dicken Knäuel lachten laut, denn sie glaubten dem kleinen Faden nicht.

»Lass uns in Ruhe«, murrte ein dickes braunes Knäuel. »Geh wieder in deine Ecke«, knurrte ein schwarzes Knäuel. Der kleine Faden wurde traurig. Niemand glaubte ihm. Da sagte auf einmal das gelbe Knäuel mit freundlicher Stimme: »Seid nicht so unfreundlich, lasst uns doch einmal zuschauen.« Die anderen Knäuel ließen sich überreden, und stolz führte der kleine rote Faden seine Kunststücke vor. Er verwandelte sich in eine Schnecke, in einen Hasen, in ein Haus und in viele andere Dinge mehr. Die dicken Wollknäuel staunten. Sie rollten sich hin und her, wickelten sich ab *und versuchten sich auch an diesen Kunststücken. Doch sie verhedderten sich und hatten Mühe sich wieder zu entwirren. Es war zwecklos. Sie waren ungeschickt und viel zu lang für diese Zaubertricks. »Du bist ein wirklich guter Zauberer«, sagte das grüne Knäuel, als sie alle wieder in den Korb zurückrollten. Der rote Faden wurde vor Freude noch roter, denn mit diesem Lob hatte er nicht gerechnet. »Komm in unsere Mitte«, sagte das schwarze Knäuel. Der rote Faden schlängelte sich durch die anderen Knäuel, bis er mitten zwischen ihnen lag. Er war sehr glücklich. Endlich hatte er den anderen bewiesen, dass auch er etwas konnte. Wenn er schon nicht gebraucht wurde, so konnte er doch wenigstens zaubern. Müde schlief er ein. Am anderen Morgen herrschte große Unruhe im Strickkorb. Der rote Faden war weg. Die dicken Wollknäuel suchten ihn, doch nirgendwo war er zu sehen. Plötzlich hatte das gelbe Knäuel ihn entdeckt und erzählte den anderen: »Mit ihm wird gerade ein großes Loch in einer roten Kinderstrumpfhose gestopft.« Nun freuten sich die Knäuel für ihn, denn endlich wurde auch er gebraucht und den Rest des roten Fadens, den hat nun Willi.*

Abrundung: Die Kinder bekommen einen roten Faden und eine Pappunterlage und können versuchen, aus diesem Faden etwas zu legen z.B. eine Schnecke, ein Haus usw. Dieses Bild kann mit Klebstoff auf der Unterlage befestigt und als Erinnerung an den roten Faden mitgenommen werden.

In einem anschließenden Gespräch kann den Kindern etwas über die Gewinnung, Herstellung und das Färben von Wolle erzählt werden. Eine Bereicherung für dieses Thema wäre ein Besuch in einem Wollgeschäft, einer Färberei o. Ä.

Ein Besuch bei der Wollhexe

Eine Phantasiereise

Hinweis:

Aus Märchenwolle erstellt die Erzieherin, frei nach ihrer Phantasie, einen Tag vorher eine kleine Wollhexe.
Ein Raum wird mit Kerzen in Gläsern, einer Duftlampe und einer kleinen Lampe so verwandelt, dass eine gemütliche Atmosphäre entsteht. Decken für zirka 6 – 8 Kinder liegen in Kreisform angeordnet. Bastelmaterial wie Pappe, Schere, Klebstoff, Stifte, grüne und braune Märchenwolle stehen für jedes Kind in einem Materialkorb zur Verfügung.
Ein Kassettenrekorder mit ruhiger Musik steht bereit, ein großes braunes Tuch, eine Glocke und die Wollhexe liegen so, dass sie von den Kindern nicht wahrgenommen werden.

Ablauf:

Die Kinder betreten den Raum. Sie setzen sich auf eine Decke. In der Stille und mit geschlossenen Augen bereiten sie sich einige Minuten auf das kommende Angebot vor. Während dieser Phase gestaltet die Erzieherin mit dem braunen Tuch und der Wollhexe den Mittelpunkt. Ertönt ein Glockenton, öffnen die Kinder ihre Augen.
Der Mittelpunkt ist nun Inhalt eines kurzen Gespräches. Die Erzieherin stellt den Kindern die Wollhexe vor und sagt, dass sie in einem Wald wohne. Da für diesen Wald die Tannen fehlen, werden gemeinsam kleine Tannen gebastelt.
Jedes Kind holt sich das Material, und bei ruhiger Musik wird der Wald erstellt.

**Bastelanweisung
für die Tannen:**   Mit Hilfe der Erzieherin malt jedes Kind eine Tanne auf ein Stück Pappe, schneidet diese aus, legt sie als Vorlage auf ein anderes Stück Pappe, malt sie ab und schneidet auch diese Tanne aus. Die Tannen werden, nachdem die eine ein Stück oben, die andere ein Stück unten eingeschnitten worden ist, zusammengesteckt. Nun kann die neu entstandene Tanne stehen. Mit Hilfe von Klebstoff und Märchenwolle bekommt die Tanne ein plastisches Aussehen. Diese Tannen werden zu der Wollhexe auf das Tuch gestellt.

Nach dieser kreativen Phase schauen die Kinder sich bei ruhiger Musik diesen Mittelpunkt an. Ertönt ein Glöckchen, legen sie sich locker und entspannt auf die Decke, schließen die Augen und machen gemeinsam eine Traumreise zur Wollhexe.

Text:

Leg dich locker und entspannt auf die Decke.
Atme ruhig und tief ein und aus und werde ganz, ganz still.
Schau mal, siehst auch du in der Ferne die große Wolke?
Sie kommt direkt auf dich zu.
Es ist eine Wolke aus weicher, wuscheliger Wolle.
Steig auf, sie bringt dich zu der Wollhexe.
Du fliegst auf der Wolke mit dem Wind.
Direkt vor dir, schau gut hin, ist der Wald, in dem die Wollhexe wohnt.
Ganz langsam bringt dich die Wolke zur Erde.
Komm, steig ab und geh in den Wald.
Bestimmt wirst du die Hexe finden.
Siehst du das kleine Licht in der Ferne?
Es ist das Licht vom Hexenhaus.
Geh zu ihr, denn die Hexe freut sich, dich zu sehen.
Siehst du, schon bist du da.
Öffne die Tür und du wirst die Hexe sehen.
Ja, eine kleine Hexe sitzt auf einem Stuhl und strickt.
Neben ihr steht ein Korb, in dem viele bunte Wollknäuel liegen.
Ein Knäuel ist noch schöner als der andere.
Die Hexe strickt gerade einen wunderschönen bunten Schal.

Du setzt dich zu ihr und schaust ihr beim Stricken zu.
Die Hexe ist freundlich, lacht dich an und steht auf.
Wo geht sie hin?
Aus einem Korb holt sie einen fertigen Schal.
Sie kommt auf dich zu und schenkt ihn dir.
Dabei lacht sie dich freundlich an.
Du fühlst den Schal. Er ist weich wie das Fell einer Katze.
Du legst ihn um deinen Hals und sofort spürst du, wie er dich wärmt.
Weich und warm umschmiegt er dich.
Du fühlst dich sehr wohl.
Still sitzt du da und erfreust dich an dem schönen Schal.
Es wird Zeit für dich. Du musst wieder zurück in deine Welt.
Die Hexe bringt dich zu deiner Wolke.
Du steigst auf und fliegst lautlos davon.
Die kleine Wollhexe winkt dir noch lange nach.
Nun ist sie verschwunden.
Die Wolke landet, du steigst ab und gehst zurück in deine Welt.
Jetzt bist du wieder hier in dem Raum.
Weck nun langsam deinen Körper, bewege deine Finger, deine Arme, deine Zehen, deine Beine, deinen Körper, reck und streck dich, gähne laut, öffne die Augen und setz dich auf die Decke.

Abschluss:	Über die Wollhexe wird ein Gespräch geführt. Darin können die Kinder ihre Gefühle und Empfindungen mitteilen, die sie während dieser phantastischen Reise hatten. Zum Schluss nimmt jedes Kind einen wollenen Tannenbaum mit. Er soll sie an die Wollhexe erinnern.
Hinweis:	Meditative Musik zu dieser Phantasiereise finden Sie auf der CD *Schätze aus der Hosentasche. Neue Lieder – großer Spaß.*

Dekoratives und Kunstvolles aus Wolle

Kunterbunte Freundschaftsbänder

Materialien: Wolle in unterschiedlichen Farben, Stecknadel, Schere, eine Korkplatte

Arbeitsanweisung: Beliebig viele, gleich lange Wollfäden werden geschnitten. Die Bänder werden in zwei gleich dicke Stränge geteilt und miteinander verknotet. Um leichter weiterknoten zu können, wird dieser Fadenstrang mit einer Stecknadel auf einer Korkplatte festgesteckt. Nun kann so lange weitergeknotet werden, bis man am unteren Ende angekommen ist. Zum Schluss werden die beiden Enden miteinander verknotet, sodass ein Armband entsteht.

Hinweis: Dieser schöne Brauch kommt aus Brasilien. Im Januar verschenkt man diese Bänder und wünscht dem Beschenkten etwas Schönes. Im Kindergarten könnte solch ein Armband zum Geburtstag verschenkt werden.

Tastspiele

Materialien: dicke Pappe, dicke Wolle, Schere, Klebstoff, Malstift

Arbeitsvorgang: Die dicke Pappe wird in größere Quadrate geschnitten. Darauf können Formen oder andere Motive gemalt werden. Diese werden mit Klebstoff bestrichen und mit Wolle um- bzw. ausgelegt. Die Kinder können diese Formen und Motive mit Händen und Füßen erfühlen.

Bunte Bommeln

Materialien:	feste, dicke Pappe, Schere, verschiedenfarbige Wolle
Arbeitsvorgang:	Aus der Pappe werden zwei gleich große Kreise mit einem größeren Innenloch geschnitten. Diese werden aufeinander gelegt. Nun wird dieser Kreis mit Wolle umwickelt, indem der Faden immer durch das Loch gezogen und dann um die Außenkante herumgeschlagen wird. Ist das Innenloch gefüllt, so werden die Wollfäden an der Außenkante vorsichtig aufgeschnitten. Nun zieht man die beiden Pappkreise ein wenig auseinander, wickelt in die entstandene Lücke ein Band um das Knäuel und verknotet es. Dieses Band lässt man länger als die kurzen Wollfäden einfach hängen. Es dient dazu, den Wollbommel festzuhalten oder festzubinden. Danach kann der Pappring durchgeschnitten und vorsichtig abgezogen werden. Der Bommel wird an dem langen Band gehalten und mehrmals auf die Tischkante geschlagen. So wird er schön dicht.
Hinweis:	Dieser Bommel kann über heißen Wasserdampf gehalten werden (aber bitte nicht von den Kindern). Dann wird er sehr schön buschig und weich. Bindet man zwei Bommeln an dem langen Band zusammen und schmückt man diese mit Augen und Federn aus Filz, so entsteht ein Vogel. Auch andere Tiere wie Raupe, Käfer usw. können aus diesen Bommeln hergestellt werden. Sie sind ein schönes Mitbringsel.

Bunter Wollbänderballon

Materialien:	Luftballon, bunte Wolle, Kleister, Schere
Arbeitsvorgang:	Der Ballon wird aufgeblasen und mit Kleister eingestrichen. Nun werden rundherum und kreuz und quer bunte Wollfäden gewickelt. Danach wird der Ballon an einem langen Band zum Trocknen aufgehängt. (Papier unter den Ballon legen, da der Kleister herabtropft.) Nach dem Trocknen wird der Ballon zerstochen und fertig ist der Wollbänderballon.

Buntes Wollbild

Auch Kinder können sich an der Gestaltung eines Dorfplatzes, einer Park-anlage oder einer anderen Grünfläche beteiligen. Gemeinsam mit den Er-zieherinnen und Eltern entsteht ein kleines Denkmal, das an diese Kinder-gruppe erinnert. Dieses Wollbild ist ein Kunstwerk, das auch den Rasen oder Kindergartenvorplatz zieren kann.

Materialien: mehrere angespitzte, armdicke Rundhölzer oder Baumstäm-me, große Nägel mit Köpfen, Hammer und dicke feste Wol-le

Arbeitsvorgang: Die Rundhölzer oder Baumstämme werden zu einem vorher geplanten Gebilde o. Ä. in den Rasen geschlagen. Nun wer-den untereinander, spiralförmig oder ohne feste Anordnung Nägel außen in den Stamm geschlagen. Die Kinder können die einzelnen Nägel und Stämme mit der Wolle verbinden. Ein buntes Kunstwerk entsteht.

Wuschelköpfe

Materialien: feste Pappe (DIN A4), Wolle, dicke Stopfnadel, Schere, Malstifte

Arbeitsvorgang: Auf die Pappe wird ein großer Kopf mit Hals und einem Stück Oberkörper gemalt. Dieser wird ausgeschnitten. Nun gestalten die Kinder den Wuschelkopf, indem sie Wollfäden schneiden, diese mit der Stopfnadel durch den Kopf ziehen und ein Ende verknoten. Es können Wuschelköpfe mit lan-gen, kurzen, blonden, roten oder sogar bunten Haaren ent-stehen. Die Haare können geflochten oder gelegt werden u.v.m. So können immer neue Frisuren kreiert werden. Der Kopf wird angemalt. Wer will, kann seinem Gesicht noch ei-nen Bart geben.

Sets, Untersetzer und Deckchen aus Wolle

Materialien: dicke Pappe, Klebstoff, Schere, Wolle

Arbeitsvorgang: Die Kinder schneiden Kreise aus, bestreichen diese mit Klebstoff und füllen sie spiralförmig mit Wolle aus. So entstehen sehr dekorative Sets, Deckchen oder Untersetzer.

Stift- oder Krimskramsdosen

Materialien: verschiedene Blechdosen (die scharfe Kante muss vorher mit einem Hammer entschärft werden), Klebstoff, Wolle, Schere

Arbeitsvorgang: Die Blechdosen werden mit Klebstoff bestrichen und mit Wolle umwickelt.

Wollbilder

Materialien: feste Pappe (Fotokarton), Wolle, Klebstoff, Schere, Stifte

Arbeitsvorgang: Ein schönes Motiv wird auf die Pappe gemalt. Nun werden die gezeichneten Dinge mit Klebstoff versehen und mit bunter Wolle um- oder ausgelegt. Eine aus Wolle gedrehte Kordel wird als Rahmen an den Rand geklebt.

Bilder mit Nägel und Wolle

Materialien: dickeres Holzbrett, Nägel, Wolle, Schere

Arbeitsvorgang: Auf ein dickeres Holzbrett (dekorativ sind auch dünne Baumscheiben) werden nach Muster oder frei Nägel geschlagen. Nun werden um die Nägel Wollfäden gezogen und dekorativ miteinander verbunden. Es ist ein sehr schnell herzustellendes und schönes Geschenk.

Der kleine Wollzwerg

Eine Reimgeschichte

Ratespiel: Die Erzieherin malt vor den Augen der Kinder einen Zwerg. Die Kinder versuchen möglichst frühzeitig zu erraten, was sie malt. Dann geben sie dem Zwerg einen Namen. Das Bild wird in die Mitte gelegt und die Reimgeschichte wird erzählt. Die Kinder sprechen das letzte Wort der zweiten Zeile immer mit.

Aus einem klitzekleinen Haus
schaut der kleine Wollzwerg ...   *(raus).*

Er sieht die Sonne, denkt daran,
dass er die Wolle pflücken ...   *(kann).*

Er nimmt den Korb und geht hinaus
aus seinem klitzekleinen ...   *(Haus).*

Der Zwerg setzt seine Mütze auf
und läuft geschwind den Berg ...   *(hinauf).*

Hier oben will er Wolle pflücken,
er braucht sich gar nicht sehr tief ... *(bücken).*

Weiße Büschel, zart und fein,
legt er in den Korb ...   *(hinein).*

Der Korb ist voll, man kann ihn sehn
ganz geschwind nach Hause ...   (gehn).

Sein Spinnrad holt er nun heraus,
spinnt Wolle nun vor seinem ...   (Haus).

Surr, surr, surr, geht es im Nu
und die Vögel schauen ...   (zu).

Viele Fäden kann er sehn,
die sich auf die Spulen ...   (drehn).

Schöne Knäuel hat er jetzt,
der Zwerg sich auf die Bank nun ...   *(setzt)*.

Strickt eine Mütze und noch mehr,
das Stricken fällt dem Zwerg nicht ...   *(schwer)*.

Doch ist der Wollkorb wieder leer,
muss schöne neue Wolle ...   *(her)*.

Auf den Berg muss er geschwind,
weil dort die kleinen Büsche ...   *(sind)*.

Jetzt kann er wieder Fäden machen,
daraus strickt er neue ...   *(Sachen)*.

Der Wollzwerg spinnt, das macht ihm Spaß,
strickt aus der Wolle dies und ...   *(das)*.

Auswertung: Aus bunter Märchenwolle zupfen und drehen sich die Kinder unter Anleitung der Erzieherin einen kleinen Wollzwerg.

Hinweis: Diese Geschichte kann mit Orff-Instrumenten vertont werden. Sie eignet sich auch für ein kleines Rollenspiel.

Mit dem Faden in der Hand

Hinweis: Die Erzieherin singt und spielt das Lied mit einem Faden vor. Bei jeder Strophe werden die Figuren gelegt. Bei den beiden letzten Zeilen jeder Strophe legt sie den Faden zurück in die Hand und schließt sie. Beim Refrain holt sie ihn wieder heraus, um in der nächsten Strophe neu zu zaubern.

Refrain:

Mit dem Fa - den in der Hand
ma - che ich so al - ler - hand.
Mit ihm zau - ber ich dir was,
komm, schau zu, ich zeig dir das.

1. Strophe:

Der Fa - den wird zum Schne - cken - haus, die

klei - ne Schne - cke schaut he - raus. Sie

kriecht ganz lang - sam Stück für Stück, legt

ih - ren Weg ganz still zu - rück. Die

Schne - cke kriecht in mei - ne Hand, ja

zau - bern kann ich mit dem Band.

63

Refrain: Mit dem Faden ...

2. Strophe: Der Faden wird zu einem Ball
und mit ihm spiel ich überall.
Er springt ganz hoch, er springt ganz weit,
er hat ein buntes Tupfenkleid.
Der Ball, er springt in meine Hand,
ja, zaubern kann ich mit dem Band.

Refrain: Mit dem Faden ...

3. Strophe:
Der Faden wird zum Schmetterling,
er ist ein wunderschönes Ding.
Er fliegt zur Blume, es ist schön,
sich seine Farben anzusehn.
Fliegt nun zurück in meine Hand,
ja, zaubern kann ich mit dem Band.

Refrain:
Mit dem Faden in der Hand
zaub're ich so allerhand.
Mit dem Zaubern ist nun Schluss,
weil der Faden ruhen muss.

Abschluss: Nachdem die Kinder
Melodie und Text
durch Summen,
Klatschen, Sprechen
und durch Bewegun-
gen erlernt haben,
bekommt jedes einen
Faden und das Lied
wird gesungen und
gespielt.

Wuschelweiche Körpererfahrungsspiele

Materialien: Naturschafwolle, Wollbommeln, bunte Märchenwolle, selbst gemachte Wollbälle (Anleitung siehe Seite 66), Teelicht in einem Glas, eine Duftlampe, ruhige Musik, eine kleine Lampe, für jedes Kind (6 – 8) eine Wolldecke oder ein großes Badetuch, einige, der Jahreszeit entsprechende Naturmaterialien, für jedes Kind einen aufgerauten Tennisball, ein Kassettenrekorder, ruhige Musik, Klebstoff

Raumvorbereitung: Ein verdunkelter, ruhig gelegener Raum wird mit den Teelichtern im Glas geschmückt. Ein Weidenkorb mit Wollbommeln, Märchenwolle und selbst gemachten Wollbällen, ein Kassettenrekorder mit ruhiger Musik stehen bereit. Eine Lampe erhellt den Raum. Die Decken oder Badetücher werden in Kreisform gelegt. Eine meditative Mitte mit der Duftlampe und einigen, der Jahreszeit entsprechenden Naturmaterialien wird gestaltet. Der Raum ist erwärmt.

Einstieg: Die Kinder betreten in Gymnastikbekleidung (kurze Hose und T-Shirt) den Raum. Sie setzen sich im Schneidersitz auf eine Decke. Die Erzieherin bittet die Kinder, die Augen zu schließen und die Stille des Raumes ein wenig zu genießen. Ganz bewusst nehmen sie die Geräusche, die sie noch hören, auf. Die Gedanken, die ihnen dabei kommen, lassen sie zu und konzentrieren sich dann auf die leise Musik, die sie nun hören. *Die Erzieherin schaltet sehr leise den Kassettenrekorder mit ruhiger Musik ein.* Die Kinder bilden mit ihrer Hand eine Schale. Dort hinein legt die Erzieherin ein Stück Schafwolle. Die Kinder erfühlen dieses mit geschlossenen Augen. Ist in ihnen die Neugierde geweckt, können sie die Augen öffnen und sich das Material anschauen, es befühlen und daran riechen.

In einem Gespräch wird ihr Wissen über die Wolle und deren besondere Merkmale zusammengetragen.

Nun machen es sich jeweils zwei Kinder auf einer Decke bequem. Sie können sich mit Hilfe der Wollbommel verwöhnen. Bei meditativer Musik streicheln und massieren sie gegenseitig ihren ganzen Körper. Da sie nur leicht bekleidet sind, wird ihre Körperwahrnehmung stark angesprochen. Das Verwöhnen geschieht im Wechsel. Dieses Spiel wird mit den Wollbällen wiederholt.

Danach können sie den anderen Kindern ihre Erfahrungen und Empfindungen mitteilen.

Herstellung der Wollbälle

Material: filzige Tennisbälle (sie können »filziger« gemacht werden, indem man sie über Wasserdampf hält und mit Schmirgelpapier abreibt), Wolle, Klebstoff

Arbeitsvorgang: Märchenwolle wird dünn auseinander gezogen und um die Tennisbälle gelegt. Sollte die Märchenwolle nicht haften, so wird sie hier und da mit Klebstoff befestigt.

Jedes Kind setzt sich auf seine Decke. Die bunte Märchenwolle wird verteilt. Mit Unterstützung meditativer Musik zupfen die Kinder in aller Stille Kreise aus dieser Wolle.

Nachdem dieses gemacht wurde, legen sie sich wieder zu zweit auf die Decke. Jedes Paar hat seine eigenen bunten Kreise. Ein Kind legt sich entspannt auf den Rücken und das andere Kind deckt es mit den bunten Kreisen zu.
Ruhige Musik begleitet dieses Wahrnehmungsspiel. Auch hier wird gewechselt.
Im Anschluss daran können in einem Gespräch die Erfahrungen ausgetauscht werden.

Schluss: Die Kinder können sich nun aus einem Tennisball und der bunten Märchenwolle einen eigenen Wollball herstellen. Ruhige Musik begleitet diese kreative Phase.

66

Willi und das Tränenmännchen
Eine Geschichte

 Oje, Willis Hose mit den großen Taschen hat das Waschen wieder einmal nötig. Da Willi vergessen hat, seine Taschen zu leeren, muss es seine Mutter für ihn machen. Dieses Mal findet sie nur ein kleines, ausgefranstes Tuch, das aussieht wie ein zerrissenes Taschentuch. Es hat viele bunte, zerflossene Punkte. Willis Mutter will es erst einmal waschen, um die komischen bunten Flecken zu entfernen. In diesem Moment kommt Willi nach Haus. Als er sieht, wie seine Mutter das Tuch in die Waschmaschine stecken will, bekommt er einen riesigen Schreck und ruft: »Halt! Das Tuch darf nicht gewaschen werden.« Schnell nimmt er seiner Mutter das Tuch ab und sagt: »Das Tuch habe ich vom Tränenmännchen bekommen. Es ist ein Geschenk, und die vielen kleinen bunten Flecken sind Tränen von Kindern.« Willis Mutter möchte mehr darüber wissen. Deshalb nimmt sie sich Zeit und setzt sich mit Willi draußen auf die Gartenbank. Stolz erzählt Willi die Geschichte vom Tränenmännchen.

Es war einmal ein winzigkleines Männchen. Sein Zuhause war eine Wiese mit Blumen, Gräsern und duftenden Kräutern. Das Männchen war nicht größer als das Haus einer großen Schnecke, und deshalb war es bisher auch noch von fast keinem Menschen entdeckt worden. Nur Willi hat es, weil er auf dieser Wiese schöne Blumen und Gräser suchte, sofort gesehen. Das kleine Männchen war gerade dabei, auf einer Spinnfadenleine bunte Tücher, Stoffstreifen und andere in Fransen gerissene Lappen aufzuhän-

gen. Willi war verwundert, denn noch nie hatte er so ein winziges Männchen gesehen. Ganz ruhig blieb er stehen und beobachtete es. Nach kurzer Zeit entdeckte das Männchen Willi und er setzte sich zu ihm ins Gras. Willi fragte neugierig: »Wer bist du?« Das Männchen antwortete: »Ich bin das Tränenmännchen.« Doch das genügte Willi nicht und er fragte weiter: »Was sind das für bunte Tücher und Stofflappen, die du auf die Leine hängst?« »Das sind Tränentücher.« Aber auch mit dieser Antwort war Willi nicht zufrieden, und das Männchen musste ihm dazu noch mehr erzählen. Da es etwas Zeit hatte, blieb es bei Willi sitzen und sagte: »Auf dieser großen Erde gibt es viele Kinder, die traurig sind und sehr oft weinen. Ich höre ihr Weinen und mache mich dann auf den Weg zu ihnen, um sie zu trösten. Da ich möchte, dass alle Kinder lachen und glücklich sind, bringe ich sie wieder zum Lachen. Ich laufe über ihre Hände, kitzele ihren Bauch, streichele ihr Gesicht und trockne mit kleinen Tüchern oder Stofflappen ihre Tränen. Die Kinder sehen mich nicht, sie spüren mich nur und glauben, es sei der Wind. Ich gehe erst wieder, wenn ich die Kinder lachen sehe. Unterwegs verwandelt dann die Sonne die Tränen in bunte Punkte.« Willi hörte so gespannt zu, dass er gar nicht bemerkte, wie das Tränenmännchen verschwand. Als er sich um-

68

sah, lag ein buntes Tuch vor seinen Füßen. Es war ein Geschenk vom Trä-
nenmänchen. Ja, und so ist er an das wunderschöne Tuch gekommen.

Als Willis Mutter diese wunderschöne Geschichte gehört hat, ist sie froh, dass sie das ausgefranste Tuch noch nicht gewaschen hat. Willi nimmt es und legt es in die Sammelkiste, wo er noch viele Tücher und Stoffreste hat. Bevor er schlafen geht, schaut er sich das Tuch noch einmal an und er hat schon viele Ideen, was er morgen mit seinen Tüchern und Stoffresten machen kann.

Auswertungen: 1. Jedes Kind malt auf ein großes Stück Pappe den Umriss von Willi, schneidet ihn aus und zieht ihn mit verschiedenen Stoffen an. Zur Erinnerung an die Geschichte vom Tränenmännchen kann er mit nach Haus genommen werden.

2. Ein Kind legt sich auf ein großes Stück Pappe und wird mit einem Stift umrissen. Der Umriss wird ausgeschnitten und mit verschiedenen Stoffen angezogen. Dieser große Willi wird in der Gruppe aufgehängt.

3. In einem Gespräch wird den Kindern etwas über die Stoffherstellung berichtet. Ein Besuch in einer Schneiderei, Weberei oder in einem Stoffgeschäft kann diese Auswertung unterstützen.

Heute ist Gespensternacht

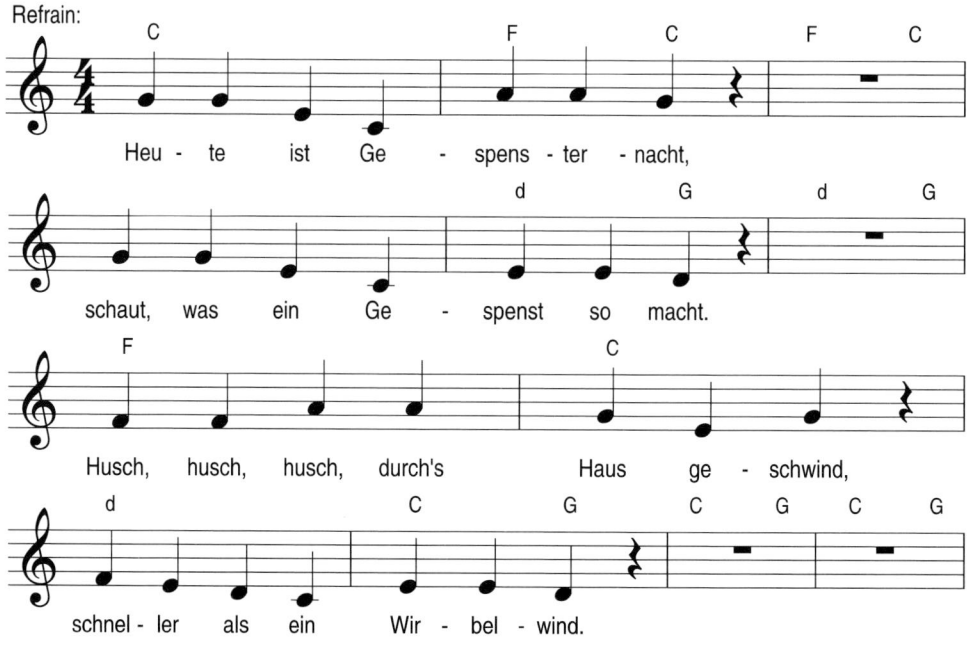

Refrain:

Heu - te ist Ge - spens - ter - nacht,

schaut, was ein Ge - spenst so macht.

Husch, husch, husch, durch's Haus ge - schwind,

schnel - ler als ein Wir - bel - wind.

1. Strophe:

Ein Ge - spenst kann wei - nen, la - chen

und auch sehr viel Un - sinn ma - chen.

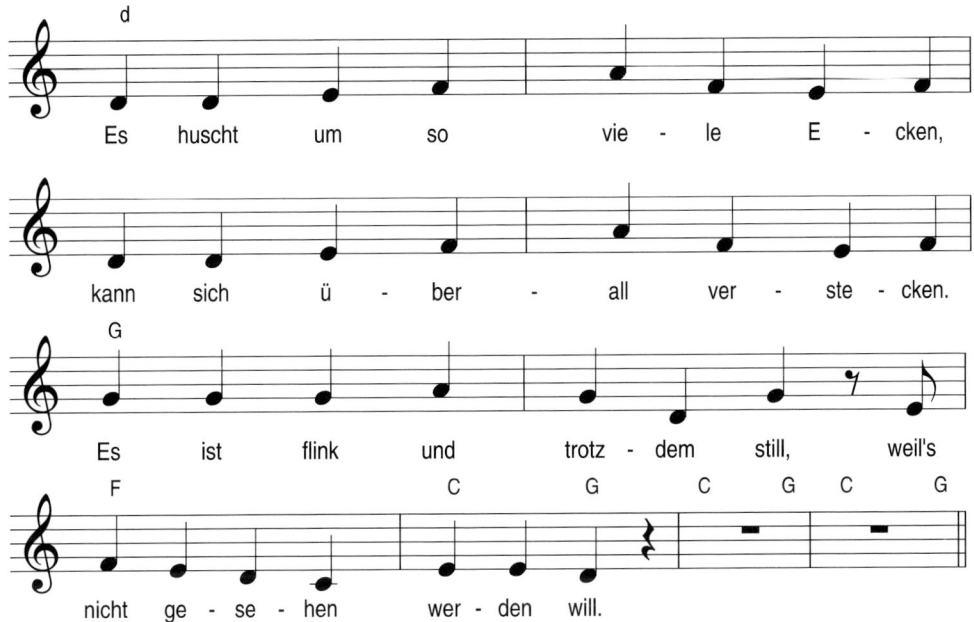

Es huscht um so viele Ecken,
kann sich überall verstecken.
Es ist flink und trotzdem still, weil's
nicht gesehen werden will.

2. Strophe: Es ist flink und trotzdem still,
                 weil's nicht gesehen werden will.
                 Es huscht leis durch die dunkle Nacht,
                 willst du es sehn, dann gib gut Acht.

Refrain: Heute ist Gespensternacht ...

3. Strophe: Gespenster tanzen auf und nieder,
                 sie kommen morgen Nacht schon wieder.
                 Dann brausen sie durchs Haus geschwind,
                 so wie ein schneller Wirbelwind.

Refrain: Heute ist Gespensternacht ...

4. Strophe: Gespenster sausen durch die Nacht,
                 weil es ihnen Freude macht.
                 Sie wollen dich und mich erschrecken,
                 woll'n dich aus deinen Träumen wecken.

Refrain: Heute ist Gespensternacht ...

5. Strophe:	Drum mach schnell die Fenster zu,
	dann hast du vor den Geistern Ruh.
	Schließ die Türen, du wirst sehn,
	durch dein Haus kann niemand gehn.
Refrain:	Heute ist Gespensternacht ...

Auswertung:

Die Kinder können diesen Vers spielen. Dazu bekommen sie weiße Betttücher, die sie über ihren Kopf legen. In Augenhöhe werden Löcher geschnitten. Mit Rasseln und klirrenden Gegenständen machen sie dazu gespenstischen Lärm.

Körpererfahrungsspiele mit Tüchern

Raumvorbereitung: Ein Raum wird verdunkelt und mit vielen Kerzen geschmückt. Je nach Anzahl der Kinder sind in Kreisform Decken ausgelegt. In der Kreismitte steht ein großer Weidenkorb mit vielen Tüchern aus unterschiedlichen Stoffen. Eine Lampe erhellt den Raum. Ein Kassettenrekorder mit beschwingter und meditativer Musik, ein großes Betttuch und für jedes Kind ein Chiffontuch liegen griffbereit.

Ablauf: Die Kinder sitzen leicht bekleidet auf der Decke. Sie schließen ihre Augen und nehmen Abschied vom Lärm des Tages. Sie genießen die Stille. Nach einer kurzen Ruhephase werden sie sanft durch leichtes Streicheln mit einem Tuch geweckt. Nun schenkt jedes Kind einem anderen Kind ein Tuch. Es geht zum Korb, nimmt ein Tuch, geht zu einem Kind und sagt beispielsweise: »Guten Tag, Eva. Ich schenke dir dieses Tuch, weil ich dich sehr nett finde.« Dieses Kind nimmt das Tuch steht auf, holt auch ein Tuch und setzt so die Begrüßung fort. Erst wenn alle ein Tuch haben, ist das Begrüßungsspiel beendet.

In aller Stille betrachtet und befühlt jeder sein Tuch. Wenn die Kinder Musik hören, stehen sie auf und tanzen mit dem Tuch durch den Raum. Dabei können sie experimentieren und eigene Tanzformen erfinden. Einige Tanzformen werden aufgegriffen und in einem Tüchertanz vereint.

Nun bilden sich Paare. Ein Kind legt sich auf die Decke. Das andere verwöhnt das liegende Kind mit den Tüchern, indem es den Partner z.B. sanft streichelt, sanft massiert oder mit Tüchern zudeckt. Meditative Musik untermalt diese Spiele. Danach werden die Rollen gewechselt.

Eine Hand, ein Arm oder ein Fuß werden in ein Tuch gelegt. Bei ruhiger Musik wird dieser Körperteil vom Partner geschaukelt. *(Rollenwechsel)*

73

Ein Kind setzt sich. Um jedes Handgelenk wird ein Tuch gebunden. Nach beschwingter Musik bewegt nun das andere Kind, wie bei einer Marionette, die Hände des Kindes.
Nun holt die Erzieherin ein großes Tuch. Ein Kind legt sich in das Tuch. Die anderen fassen an und können das Kind bei ruhiger Musik schaukeln.

Abschluss: Aus allen Tüchern bereiten die Kinder in der Kreismitte ein Tücherbett. Dort legen sie sich hinein und lauschen bei leiser Musik einer kleinen Geschichte.

Text:

Ich lade dich nun ein, mit mir die Tücherfeen zu besuchen.
Sie sind alle wunderschön.
Ihre Kleider sind aus weichen, bunten oder einfarbigen Tüchern.
Jede Fee sieht anders aus. Schau mal, siehst du schon eine?
Sie tanzen alle beschwingt um dich herum.
Auch in ihrer Hand haben sie ein Tuch. Mit dem winken sie dir zu.
Sie lachen dich an.
Hör mal gut hin.
Die Tücherfeen singen ein Lied.
Dazu tanzen sie den Tüchertanz.
Eine Fee kommt auf dich zu.
Sie reicht dir ein Tuch und holt dich zum Tanzen.
Gemeinsam mit den Tücherfeen tanzt du im Sonnenschein.
Die Tücher flattern wie Fahnen im Wind.
Langsam wird es dunkel und die Feen verabschieden sich.
Eine kommt zu dir und schenkt dir ein Tuch.
Du versteckst es in deiner Hand.
Nun bist du wieder allein.
Du denkst an das Tuch.
Langsam öffnest du deine Hand, und wie eine Blume öffnet sich das Tuch.
Mit diesem Geschenk gehst du zurück in deine Welt.
Du bist nun wieder hier in diesem Raum.
Weck nun langsam deinen Körper, öffne die Augen und du bist wieder hier.

Abschluss: Jedes Kind bekommt ein Chiffontuch. Dieses versteckt es in einer Kugel aus seinen zwei Händen. Ganz langsam kann nun die Hand geöffnet werden und das Tuch entfaltet sich wie eine Blume.

74

Mein kleines buntes Flickenzelt

Refrain:

Mein klei - nes bun - tes Fli - cken - zelt, ja
das steht hin - term Haus. Dort
spie - le ich von früh bis spät und
kom - me nicht mehr raus. Mein
Fli - cken - zelt ge - hört nur mir, was
ich dort spie - le, sag ich dir.

1. Strophe:

Ja ei - ne Höh - le soll es sein, in ihr, da le - be ich al - lein. Ich such nach Schät - zen hier und dort, es ist ein wun - der - sa - mer Ort.

2. Strophe: Mal ist es, was dir auch gefällt,
ein buntes Indianerzelt.
Dann bin ich Häuptling Silberstern,
in diesem Zelt, da wohn ich gern.

Refrain: Mein kleines buntes Flickenzelt ...

3. Strophe: Ein Schloss, das kann mein Zelt auch sein,
es ist sehr schön, doch etwas klein.
Ich bin dann König hier am Ort,
aus meinem Schloss geh ich nicht fort.

Refrain: Mein kleines buntes Flickenzelt ...

4. Strophe: Ein Traumzelt ist es ab und zu,
ich leg mich hin und gönn mir Ruh.
Ich träume gern von dieser Welt,
ja, wunderbar ist dieses Zelt.

Endrefrain:

Mein kleines, buntes Flickenzelt,
das hab ich dir nun vorgestellt.
Ich spiele dort von früh bis spät,
bis dass die Sonne untergeht.
Bau du dir jetzt ein Flickenzelt,
ich weiß, dass es auch dir gefällt.

Auswertung:

5 dicke Bambusstangen werden zusammengebunden. Darüber können so viele Tücher gelegt werden, bis ein Zelt entstanden ist.

Turnspiele mit Tüchern

Tücherspringen

Die Tücher liegen im Raum verteilt. Die Kinder laufen nach Tamburinschlag durch den Raum. Ertönt ein lauter Schlag, so springt jedes schnell auf ein Tuch.

Variation: Die Kinder springen wie Frösche durch den Raum, ohne sich zu berühren. Ertönt ein lauter Tamburinschlag, so hüpfen sie rasch auf ein Tuch.

Rette sich, wer kann

Jedes Kind bekommt ein Tuch. Dieses wird auf den Boden gelegt. Es symbolisiert eine Insel. In den Zwischenräumen ist das Meer. Die Kinder sind die Matrosen. Ihr Schiff ist versunken und sie schwimmen nun durch das Meer. Ein Tuch wird weggenommen. Im Meer ist ein Hai. *(Ein Kind steht am Rand und spielt den Hai.)* Ertönt ein Signal, z.B. ein Tamburinschlag, greift der Hai an und die Kinder retten sich auf eine Insel. Wer von dem Hai gefressen wurde, nimmt ein Tuch und setzt sich an den Spielfeldrand. Das Spiel ist beendet, wenn nur noch ein Kind übrig ist.

Tauziehen mit Tüchern

Zwei Kinder halten an je einem Zipfel ein Tuch. Unter ihnen auf der Erde (Tuchmitte) liegt ein Seil. Jedes Kind versucht, das andere über das Seil zu ziehen. Ist dies geschehen, so ist das Spiel beendet.

Variation: Alle Tücher werden aneinander gebunden. Die Kinder werden in zwei Gruppen geteilt. Jede Gruppe versucht, die andere über das Seil zu ziehen.

Schieben und drücken

Die Kinder bilden Paare. Ein Tuch wird auf den Boden gelegt. Die beiden Kinder stellen sich auf das Tuch und versuchen gegenseitig, sich durch Schieben und Drücken von dem Tuch zu bugsieren.

Tücherrennen

Die Kinder legen ihr Tuch auf den Fuß, auf den Kopf, auf den Arm oder auf den Rücken und laufen, gehen oder krabbeln von einem festgelegten Startpunkt zum Ziel.

Tücherfangen

Die Kinder bilden einen engen Kreis. Ein Tuch wird nun von einem Kind hochgeworfen. Dabei nennt es den Namen eines anderen Kindes. Das aufgerufene Kind fängt das Tuch, wirft es in die Luft und ruft seinerseits einen Namen usw.

Hinweis: Das Spiel wird erst spannend, wenn die Aktionen schnell ablaufen.

Das wandernde Tuch

Die Kinder bilden einen engen Kreis um ein in der Mitte stehendes Kind. Sie haben ihre Hände auf dem Rücken und geben ein Tuch weiter.

Ertönt ein Signal, z.B. ein Tamburinschlag, wird das Spiel angehalten. Das Kind in der Mitte versucht herauszufinden, welches Kind jetzt das Tuch in seinen Händen hält.

Das Schatztuch

Ein Reifen wird in die Raummitte gelegt. Dort hinein legt der Erzieher ein besonders wertvolles Tuch, z.B. ein Stück glitzernden Stoff. Die Kinder laufen nach Tamburinschlag durch den Raum. Bei einem lauten Schlag versuchen die Kinder möglichst schnell, das Tuch zu erreichen und es an sich zu nehmen. Wer das Tuch als Erster in seinen Händen hält, ist Schatzkönig und darf das Tamburin schlagen. Das Spiel wird mehrmals wiederholt.

Das fliegende Tuch

Die Kinder bekommen einen Tennisball. Er wird in ein Tuch gelegt. Das Tuch wird verknotet, sodass der Ball nicht herausfallen kann. Nun können die Kinder das Tuch hoch- oder weit werfen, es in ein aufgestelltes Gefäß werfen oder einen Gegenstand damit umwerfen.

Das Tuchzelt

Alle Tücher werden zu einem großen, quadratischen Tuch zusammengebunden. Die Kinder fassen es an und schwingen es gemeinsam auf und ab.

Ruft die Erzieherin z.B.: »Los«, dann schwingen sie das Tuch über ihren Kopf und setzten sich wie unter ein Zeltdach darunter.

Hinweis: Das Spiel erfordert ein wenig Übung.

Tüchergespenster

Zwei Kinder legen sich jeweils ein Tuch über den Kopf, sodass sie nichts sehen können. Nun versuchen sie, sich gegenseitig zu fangen. Damit es für den jeweils anderen einfacher wird, können sie gespenstische Geräusche machen.

Variation: Alle Kinder legen sich das Tuch über den Kopf, gehen durch den Raum und fangen sich.

Rund um den Stoff

Ein bunter Aktionstag

Etwas abseits vom Kindergartenalltag kann für Eltern und Kinder ein bunter Aktionstag angeboten werden. Der Stoff wird durch viele Aktionen in den Mittelpunkt gestellt. Im Kindergarten oder auf dem Gelände werden Stände und Aktionsecken aufgebaut, an denen gemalt, gedruckt oder gebatikt werden kann, Kissen, Puppen und viele Dinge mehr können manuell oder mit Hilfe einer Nähmaschine erstellt werden. Vieles, was in den vorangegangenen Tagen zu diesem Thema im Kindergarten angeboten wurde, wird vorgeführt.

Hier nun einige Vorschläge für Aktionsstände und andere Aufführungen:

Auf dem Stoffmarkt

Schon längere Zeit vorher werden Stoffe (z.B. von Eltern, Textilunternehmen usw.) gesammelt. Sie können am Aktionstag auf dem Stoffmarkt gegen eine Wertmarke oder ein kleines Entgelt (hier ist Handeln erlaubt) erworben werden. Mit diesen Stoffen gehen Kinder und Eltern zu den verschiedenen Ständen und stellen, je nach Phantasie, etwas Schönes her.

Seidenmalerei

Materialien: mehrere Holzrahmen, Seidenmalfarben, Heftzwecken, Pinsel, alte Malkittel als Kleiderschutz, Föhn, Seidenstoffe

82

Die Seidenstoffe werden mit den Heftzwecken auf den Rahmen gespannt. Nun können mit Hilfe verschiedener Arbeitsmaterialien Tücher, Schals, Bilder oder Kissenbezüge entstehen.

Stoffdruck/Stoffmalerei

Materialien: einfarbiger Baumwoll- oder Nesselstoff, Kartoffeln, Korken oder andere beliebige Materialien, die sich zum Drucken eignen, Hilfsmittel wie Messer, Stoffdruckfarben, Pinsel, alte Malkittel als Kleiderschutz, Stoffmalstifte

Arbeitsvorgang: Mit Hilfe der bereitgestellten Materialien kann gedruckt und mit den Stiften der Stoff bemalt werden. So entstehen Tischdecken, Platzdeckchen usw.

Batik

Materialien: Baumwoll-Nesselstoffe, Wolle oder Paketband, Batikfarbe, Schutzkittel, Plastikeimer bzw. -schüssel

Arbeitsvorgang: Die Batikfarbe wird nach Vorschrift angerührt. Mit Hilfe der Wolle bzw. des Paketbandes kann der Stoff abgebunden und dann in die Farbe getaucht werden. So entstehen wunderschöne Stoffe, aus denen Kissen, Decken usw. gemacht werden können.

Weben mit Stoffstreifen

Materialien: Webrahmen (sie können selbst hergestellt werden), Scheren, viele bunte Stoffstreifen

Arbeitsvorgang: Viele bunte Stoffstreifen werden in den Rahmen eingezogen. Danach können die Bänder abgeschnitten werden und ein Deckchen ist fertig. Aus diesen können kleine Taschen genäht werden.

Arbeitsbeschreibung für einen selbst hergestellten Webrahmen:

Aus vier gleich langen Hölzern und Paketband wird ein Rahmen hergestellt. Oben und unten werden kleine Nägel hineingeschlagen. Mit Hilfe von Wollfäden wird ein Webgitter gespannt. Nun kann gewebt werden.

Stoffgespenst

Materialien: bunte, leichte Stoffe, eventuell Perlen und Glocken, Watte, Bänder, kleine Stöcke, Stoffmalstifte, Schere

Arbeitsvorgang: Watte wird in ein größeres Stoffstück gebunden. Seitlich werden die Arme geknotet und das Gespenst wird mit einem Band an den Armen und am Kopf an einem Stock festgebunden. Das Stoffgespenst kann mit den Glocken und Perlen geschmückt werden. Mit den Stoffmalstiften wird das Gesicht aufgemalt.

Modenschau

Materialien: viele Stoffe, Sicherheitsnadeln, Bänder, Stecknadeln
Die Kinder und Eltern können aus Stoffen schnell Kostüme machen, die dann auf einer Modenschau vorgestellt werden. Angebote, die in den vergangenen Tagen gemacht wurden, wie »Turnen mit Tüchern«, »Gespensterlied« usw., können dem Publikum vorgestellt werden.
In der »Tücherbar« (ein Zimmer, das mit Tüchern und schönen Stoffen geschmückt wird) können kleine Köstlichkeiten angeboten werden. Diese können von den Eltern gestiftet werden.

Willi und die kleine Kastanie

Eine Geschichte

Heute ist ein besonders schöner Tag. Willi hat ausgeschlafen und so richtig gut gefrühstückt. Mama hat ihm seine Lieblingshose gewaschen. Frisch gebügelt liegt sie auf dem Stuhl. Willi sieht sie und sofort bekommt er wieder seine Sammellust. Schnell zieht er die Hose an und dann geht's los. Er nimmt noch eine Tüte mit, denn irgendwie hat er das Gefühl, als würde er heute ganz viel sammeln. Doch wohin es geht, das weiß er noch nicht.

Willi schlendert über die Wiese und geht zu den Feldern. Dort sind die Bauern gerade dabei, die Felder abzuernten. Vielleicht kann er da etwas finden. Auf den Feldern liegen noch viele Ähren und die steckt Willi in seine Tüte. Dann geht er weiter und sammelt Gräser, Hagebutten, bunte Blätter und im Nu sind die Tüte und seine Taschen voll. Heute hat er viel gefunden. Willi macht sich auf den Heimweg. Unterwegs hat er schon Spiel- und Bastelideen. Als er an einem Feld vorbeikommt, auf dem nichts mehr wächst und auf dem eigentlich auch nichts zu finden ist, entdeckt er eine winzig kleine Kastanie. Willi bückt sich und hebt sie auf. »Komisch«, denkt er, »nirgends ist ein Kastanienbaum zu sehen, aber ich finde eine klitzekleine Kastanie.« Sie ist wunderschön und hat eine hellbraune Farbe. Willi will sie auf jeden Fall mitnehmen. Obwohl seine Hosentaschen schon sehr voll sind, findet er noch etwas Platz und steckt die Kastanie hinein. Als er nach Hause kommt, sieht er seine Mutter im Garten. Sie pflückt Äpfel für einen Apfelkuchen. Stolz zeigt Willi ihr die volle Tüte und seine vollen Taschen und geht dann in sein Zimmer. Zuerst leert er seine Hosentaschen. Dabei purzelt die winzig kleine Kastanie heraus, kullert über den Boden und bleibt direkt vor Willis Bett liegen. Er hebt sie auf, denn sie soll nicht verloren gehen. Plötzlich hört er jemanden sprechen. Willi schaut sich um, denn er denkt, dass seine Mutter ins Haus gekommen ist. Doch sie ist noch im Garten. Willi schaut auf die Kastanie. »Bitte, wirf mich nicht weg«, sagt sie, »ich möchte nicht wieder irgendwo in einem Feld, in einer Ecke oder in einer Mülltonne liegen.«

Willi glaubt zu träumen. Hat die Kastanie tatsächlich mit ihm gesprochen? Er setzt sich auf sein Bett und betrachtet sie genau. Da, er hört schon wieder etwas. Mit trauriger Stimme sagt die Kastanie: »Bitte, lass mich bei dir bleiben. Ich habe genug davon, immer wieder weggeworfen zu werden.« Willi stutzt und sagt: »Ich will dich gar nicht wegwerfen. Ich will dich behalten. Du bist mir beim Basteln bestimmt noch ganz wichtig. Aber warum hast du denn Angst, dass ich dich wegwerfe?« Die kleine Kastanie schluchzt und dann plappert sie los. »Ach«, sagt sie, »ich bin ja noch sehr klein und muss eigentlich noch wachsen, aber ohne Schale geht das nicht mehr. Gestern war ich noch in einer Schale und hing mit meinen Brüdern und Schwestern in einem alten, dicken Kastanienbaum. Dort war es wunderschön. Viele Menschen haben unter ihm gesessen und sich unter seinem weiten Blätterdach ausgeruht. Doch dann kam ein Sturm. Er pustete, rüttelte und schüttelte an den Ästen herum. Viele Kastanien fielen auf die Erde und zerplatzten. Meine Schale konnte sich auch nicht mehr halten. Sie plumpste viele Meter in die Tiefe und knallte auf eine Mauer. Dort platzte sie auseinander und ich kullerte in eine kalte Pfütze. Viele meiner

Geschwister lagen neben mir. Wir hatten Angst. Was würde nun mit uns geschehen? Meine anderen Geschwister waren schon größer als ich und wurden von Kindern aufgesammelt und in Tüten gesteckt. Auch mich hat ein Mädchen aufgehoben, angeschaut, aber wieder weggeworfen. Da lag ich nun auf einem steinigen Weg. Nach kurzer Zeit ist ein Hund gekommen und hat mich beleckt, an mir herumgeschnüffelt und mich mit seiner Schnauze immer hin und her geschubst. Kaum war er weg, hat ein Junge mit mir Fußball gespielt. Dann hat er mich genommen und mich im hohen Bogen durch die Luft geschleudert. So kam ich auf das Feld. Dort lag ich zwischen vielen Erdklumpen und fühlte mich sehr allein. Doch dann bist du gekommen, hast mich aufgehoben und mitgenommen. Ja, und jetzt bin ich hier. Wirfst du mich auch wirklich nicht weg?« Willi lacht und sagt: »Du bist so schön, so etwas wirft man nicht weg.« Nun macht er sich an die Arbeit. Den ganzen Nachmittag bastelt er mit den gesammelten Gegenständen. Zum Schluss überlegt er, was er mit der klitzekleinen Kastanie machen soll. Da hat er eine Idee. Sofort holt Willi den Karton, in dem er seine gesammelten Gegenstände aufhebt, und nimmt einige Kastanien heraus. Er steckt sie zusammen, und die kleine Kastanie vollendet sein Kunstwerk. Sie wird die Schnauze von einem Kastanienschwein. Am Abend kommt Bernd, sein bester Freund, und ist sehr erstaunt über die vielen schönen Dinge, die Willi gebastelt hat. Plötzlich sieht er das Kastanienschwein. »Das ist aber eine besonders schöne Schweineschnauze«, sagt er und streicht mit seinen Fingern sanft über die Kastanie. »Wenn du das Schwein haben willst, dann schenke ich es dir, denn du bist mein bester Freund«, sagte Willi. Bernd freut sich und trägt das kleine Kastanienschwein mit der wunderschönen Schnauze nach Hause. Dort bekommt es einen schönen Platz. Nun steht die kleine Kastanie als Schweineschnauze in einem Schrank und das macht sie sehr glücklich.

Auswertung: Ausgerüstet mit Sammeltüten, begeben sich die Kinder gemeinsam auf Kastaniensuche.

Kastanien

Ein Spiellied

Refrain:

Kas - ta - nien, Kas - ta - ni - en, die
hän - gen in dem Baum. Sie schla - fen in dem Sta -
chel - haus und träu - men ei - nen Traum.

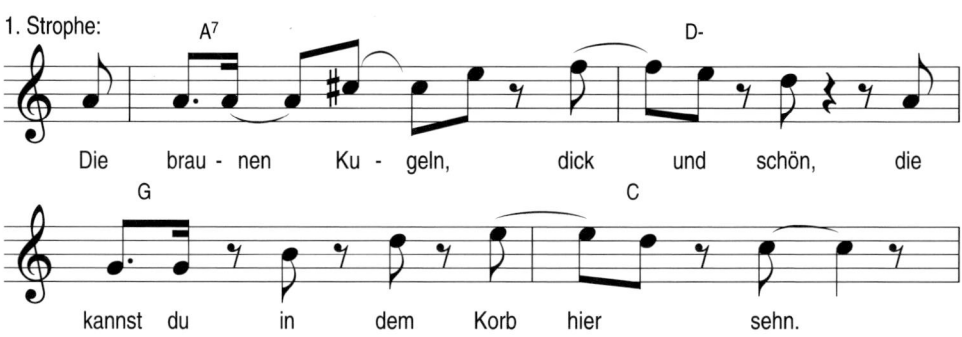

1. Strophe:

Die brau - nen Ku - geln, dick und schön, die
kannst du in dem Korb hier sehn.

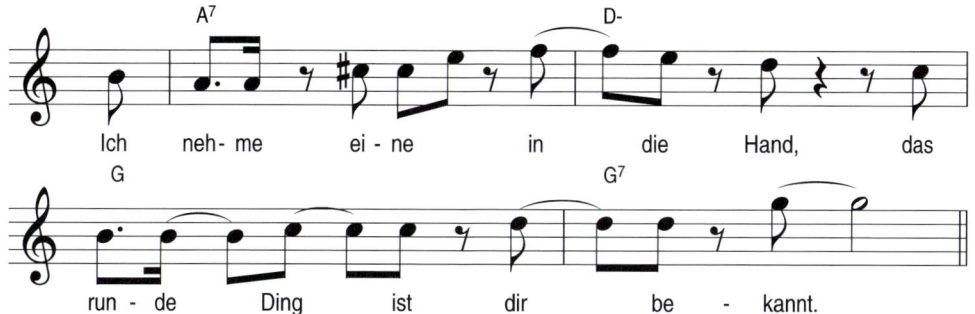

Ich neh- me ei - ne in die Hand, das
run - de Ding ist dir be - kannt.

2. Strophe: Ich rolle sie schnell vor mir her,
das Rollen fällt mir gar nicht schwer.
Ich rolle sie, so schnell ich kann,
und fang das Spiel noch einmal an.

Refrain:	Kastanien, Kastanien ...
3. Strophe:	Ich hüpf um sie vergnügt herum, auf einem Bein und fall nicht um. Ich hüpf dabei, solang ich kann, und fang das Spiel noch einmal an.
Refrain:	Kastanien, Kastanien ...
4. Strophe:	Ich trag sie auf dem Kopf ganz sacht, beim Gehen gebe ich gut Acht. Ich trage sie, so weit ich kann, und fang das Spiel noch einmal an.
Refrain:	Kastanien, Kastanien ...
5. Strophe:	Ich trage sie jetzt noch ein Stück und leg sie in den Korb zurück. Das Spiel war schön und wenn ich kann, fang ich es bald von neuem an.
Refrain:	Kastanien, Kastanien ...

Das Lied kann mit einer selbst gemachten Kastanienrassel begleitet werden. Dazu werden Kastanien in eine Plastikflasche, z.B. von einem Spülmittel oder im Plastikbecher mit Deckel gefüllt.

Rätsel

Sie liegt und träumt im Stachelhaus
von herbstlich bunten Tagen.
Die Schale platzt, sie fällt heraus,
kannst sie nach Hause tragen.

Der Kastanienbaum

Natur- und Sachbegegnung

Materialien: Äste und Zweige, Baumrinde, etwas Moos, viele Kastanien in einem Korb, Würfel

Einstiegsrätsel: Was ist das?

Sie liegt versteckt im Stachelhaus
und kommt erst mit dem Wind heraus.
Sie wohnt in einem dicken Baum,
träumt lange einen schönen Traum.
Im Herbst, da fällt sie dann ins Gras.
Sag mir schnell, was ist wohl das?

Die Kinder legen gemeinsam aus den Naturmaterialien einen Baum. Anschließend wird Wissenswertes über den Kastanienbaum zusammengetragen werden. Für jede Information, die die Kinder geben, legen sie eine Kastanie an einen Ast.

Wissenswertes über den Kastanienbaum

Im Frühling beginnt der Baum zu leben. Aus vielen braunen Knospen, die sehr klebrig sind, brechen Blätter hervor. Sie wachsen und werden sehr groß. Sie sind von einem langen Stil durchzogen und jedes Blatt besteht aus 5 bis 9 Einzelblättern (Finger). An der Oberseite ist das Blatt mattgrün und an der Unterseite ist es hellgrün. Die Blüten sehen von weitem aus wie Kerzen. Sie riechen, sind gefüllt mit Honig und haben weiße und gelbe Flecken. Ihr Duft lockt viele Insekten an. Nach der Bestäubung verlieren sie ihre Farbe. Sie werden orange und später rot gefleckt. Danach wachsen an dieser Stelle die stacheligen Schalen. Unter ihnen sitzt bereits der braun glänzende Samen. Nun wachsen die Schalen und in ihrem Inneren wird der Samen zu einer dicken Kastanie. Sind beide ausgewachsen, so platzt die Schale und die Kastanie fällt zu Boden. Sie ist hart, glatt und glänzt.

Der Baum wird haushoch und so dick und kräftig, dass er im Sommer gern von den Menschen als Sonnendach genutzt wird. Ursprünglich kommt der Baum aus Griechenland und Kleinasien und ist heute auch bei uns viel zu sehen. Er braucht viel Licht und sehr viel Erde.

Die Kastanie kann man nicht essen. Sie dient als Futter für die Tiere. Es gibt aber auch Esskastanien. Sie heißen Maronen. Sie werden in einem Kessel über dem Feuer geröstet und können dann wie gebrannte Mandeln gegessen werden. Die Menschen, vor allem die Kinder, benutzen die Kastanien gerne zum Basteln.

| Hinweis: | Auch die Erzieherin legt bei jeder Information eine Kastanie in den Baum. |
| Abschluss: | Nach der Sachbegegnung wird ein Würfelspiel gemacht werden, mit dem alle Kastanien wieder vom Baum geholt werden. |

Begleitgeschichte für das Würfelspiel: Ein Geschenk für den Zauberer

In fünf Tagen hat der Zauberer Geburtstag. Er hat alle Tiere, Feen und Waldzwerge zu seinem Fest eingeladen. Jeder will ihm natürlich etwas ganz Besonderes mitbringen. Die Feen sammeln Tautropfen und machen ihm daraus einen wunderbaren Saft und die Waldtiere sammeln Moos für einen weichen Teppich. Nur den Zwergen fällt gar nichts ein. Sie sitzen unter einem dicken Baum und überlegen. Plötzlich fällt dem kleinsten Zwerg etwas Hartes auf den Kopf und kurz danach liegt eine kleine runde Kugel in seinem Schoß. Es ist eine Kastanie, und bei ihrem Anblick hat der Zwerg eine Idee: »Wir schenken dem Zauberer einen Sack voller schöner brauner Kastanien«, ruft er. Alle sind von der Idee begeistert. Sofort machen sich die Zwerge ans Werk. Doch sosehr sie auch rütteln und schütteln, es fallen nur ganz wenige Kastanien herunter. Allein schaffen sie es nicht. Sie brauchen Hilfe, sonst bekommen sie den Sack niemals voll.

(Nun wird der Würfel eingesetzt. Jedes Kind kann würfeln und die Anzahl Kastanien einsammeln, die die Augenzahl vorgibt. Wenn alle Kastanien eingesammelt sind, kann das Ende der Geschichte erzählt werden.)

Gemeinsam ist die Arbeit schnell geschafft und schon nach kurzer Zeit ist der Sack gefüllt. Nun können die Zwerge zum Geburtstag des Zauberers gehen.

Offenes Ende: Die Kinder überlegen, was der Zauberer wohl mit den Kastanien macht.

Basteleien und Spiele mit Kastanien

Kastanienraupe

Mehrere Kastanien werden aufgefädelt. (Fädelhilfe können die Flechtnadeln sein.) Der Raupenkopf kann mit Plakafarbe gemalt werden.

Zootiere aus Kastanien

Mit Hilfe von Zahnstochern können Igel, Käfer, Rehe, Löwen und viele andere Tiere gemacht werden.

Kastanienmemory

Der helle Punkt auf den Kastanien wird mit Plakafarbe bemalt (immer zwei Kastanien haben die gleiche Farbe). Nun werden sie so gelegt, dass diese Stelle nicht zu sehen ist. Die Kinder können die Kastanien umdrehen und Pärchen suchen.

Kastanienschmuck

Hand-, Fuß-, Halsketten und Kränze für den Kopf sind beliebter Schmuck bei den Mädchen.

Hinweis: Die Löcher werden mit einem Handbohrer von der Erzieherin gebohrt, oder die Kinder bringen von zu Hause vorge-
bohrte Kastanien mit.

Zählsäckchen oder -strümpfe

Kleine Säckchen oder Strümpfe werden mit getrockneten Kastanien gefüllt. (In je zwei Säckchen ist immer die gleiche Anzahl.) Die Kinder versuchen durch Fühlen und Zählen die beiden zusammengehörenden Säckchen oder Strümpfe zu finden.

Kastanienfangbecher

In einen Plastikbecherboden wird mit einem dicken Nagel ein Loch gebohrt. Durch ihn zieht man ein langes, festes Band. Es wird im Becher gut
verknotet. Das andere Ende zieht man durch eine Kastanie. Auch dort
wird das Band gut verknotet. Nun müssen die Kinder versuchen, die Kastanie mit der richtigen Wurf- und Fangtechnik in den Becher zu bekommen.

Kastanienschleuder

Mehrere Kastanien werden in ein kleines quadratisches Tuch gelegt. Dieses wird mit einem festen Band gut zugebunden. Das Bandende ist lang
und dient als Schwunghilfe. Es wird festgehalten und das Säckchen kräftig
über dem Kopf gedreht. Hat es genug Schwung, lässt man das Bandende
los und das Säckchen fliegt.

Kastanien puffen

Alle Kinder bekommen eine bestimmte Anzahl von Kastanien. Nacheinander werfen bzw. kullern sie je eine Kastanie über eine asphaltierte Strecke. Danach versuchen sie nacheinander, mit einer anderen Kastanie eine bereits liegende zu treffen. Gelingt das einem Kind, so kann es beide Kastanien aufheben und weiterspielen. Gelingt das nicht, so bleibt die Kastanie liegen und ein anderes Kind ist an der Reihe. Das Spiel ist beendet, wenn alle Kastanien aus dem Spiel sind.

Kastanien kaufen

Eine große Menge Kastanien liegt in der Kreismitte. Mit einem Würfel können die Kinder sich Kastanien kaufen. Die Menge entspricht der Augenzahl. Das Spiel ist beendet, wenn alle Kastanien verkauft sind. Würfelt ein Kind eine Augenzahl, die nicht mehr mit der liegenden Menge übereinstimmt, so darf es sich keine Kastanie nehmen.

Variation: Man kann eine Glückszahl aussuchen. Würfelt ein Kind diese Glückszahl, so kann es die gewürfelte Anzahl Kastanien nehmen und noch einmal würfeln.

Der Kastanienbaum

Eine Rollenspielgeschichte

Rollenbesetzung: Kastanienbaum, Sonne, Wind, Regen, zwei Rehe, zwei Sammler

Hinweis: Die Bewegungen werden durch den Text vorgegeben oder sind in einer Regieanweisung enthalten.

Material: ein gelbes, ein blaues und ein graues Tuch, zwei Kopfdekorationen für die Rehe, zwei Sammeltüten, einige Kastanien

Spielgeschichte:

Mitten auf einer Wiese steht ein großer, starker Kastanienbaum. Stolz breitet er seine starken Äste und Zweige nach allen Seiten aus.

Der Kastanienbaum stellt sich hin, breitet seine Arme aus, ballt die Hände zu Fäusten und bewegt sich leicht hin und her (in den Händen hält er Kastanien).

Der Kastanienbaum mag die Sonne. Wenn er sie spürt, dann streckt er seine Äste der Sonne entgegen.

Die Sonne geht mit einem gelben Tuch in der Hand um den Baum herum und berührt ihn.

Kommt der Wind, dann tanzen seine Blätter hin und her.

Der Wind geht mit einem grauen Tuch um den Baum herum und berührt ihn leicht. Der Baum bewegt seine Arme hin und her.

Wenn es regnet, dann senkt der Baum seine Äste. So schützt er sein Blätterkleid vor den vielen kleinen, kalten Regentropfen.

Der Regen geht mit einem Tuch in der Hand um den Baum herum und berührt ihn. Der Kastanienbaum senkt seine Äste.

Jedes Jahr im Herbst hat der Kastanienbaum für die Tiere und Menschen ein
schönes Geschenk. Es sind kleine braune
Kugeln. Sie ruhen in einem Stachelhaus
und warten auf den Wind.

Es dauert sehr lange, bis der dicke Kastanienbaum sein Geschenk an die Tiere
und Menschen verteilt. Doch dann,
wenn es so richtig stürmt und der Wind
an dem Baum rüttelt und schüttelt, dann
macht er sich bereit und eine Kastanie
nach der anderen purzelt auf die Erde.

*Der Wind wedelt mit einem grauen
Tuch, geht zum Kastanienbaum
und rüttelt ihn. Der Baum breitet
die Arme aus, öffnet die Hände und
lässt die Kastanien fallen.*

Im Nu kommen die Kinder mit ihren
Tüten angerannt, um die kleinen und
großen Kastanien einzusammeln.

*Die beiden Sammler kommen und
sammeln einige Kastanien auf.*

Auch die Rehe kommen und erfreuen
sich an der köstlichen Frucht.

*Die Rehe kommen und knabbern
an den Früchten.*

Der Baum freut sich, dass er den Tieren
und den Menschen eine Freude machen
kann. Am Abend, wenn es friedlich um
ihn herum ist, senkt er seine Äste und
Zweige und ist mit sich sehr zufrieden.

*Der Baum legt seine Arme wieder
an den Körper.*

Kastanienolympiade

Hinweis:	Die Erzieherin hält die Ergebnisse von jedem Kind und jedem Spiel fest. Einen Tag vorher bastelt sie für jedes Kind eine Kastanienmedaille. (Eine Kastanie wird auf ein Band gefädelt.) Für die Startsignale benötigt sie eine Pfeife. Diese Olympiade kann gut im Freien durchgeführt werden. Dafür ist jedoch eine Rasenfläche und eine asphaltierte Fläche nötig.

Kastanienzielwerfen

Material:	ein Eimer mit Kastanien, ein kleiner Ball, ein Reifen, ein Seil
Ablauf:	Jedes Kind bekommt eine Kastanie. Der Ball wird in den Reifen gelegt. In einer bestimmten Entfernung zum Reifen liegt das Seil. Die Kinder stehen an diesem Seil und müssen versuchen, die Kastanie in den Reifen zu werfen. Wer es schafft, bekommt z.B. zwei Punkte, wer den Ball trifft, bekommt drei Punkte, wer nichts trifft, bekommt einen Punkt.

Kastanienweitwurf

Material:	mehrere Bambus- oder Gymnastikstäbe, ein Eimer mit Kastanien
Ablauf:	Die Gymnastikstäbe werden im gleichen Abstand, z.B. je Meter einen Stab, hintereinander gelegt. Die Kinder bekommen eine Kastanie, stehen am Startpunkt und werfen. Für jeden Meter gibt es einen Punkt.

100

Kastanienkegeln

Material: 10 bunt bemalte Papierrollen, Kastanien, ein Seil

Ablauf: Die Papierrollen werden zusammengestellt. In einer bestimmten Entfernung wird ein Seil als Startlinie ausgelegt. Jedes Kind bekommt vier Kastanien und muss versuchen, die Rollen umzuwerfen. Pro umgeworfener Rolle gibt es einen Punkt.

Kastanienlauf

Material: pro Kind ein Löffel und zwei Eimer, ein Korb Kastanien, ein Seil

Ablauf: Es wird mit einem Seil eine lange Startlinie gelegt. Am Start und am Ziel steht für jedes Kind ein Eimer. In den Eimern am Start liegen für jedes Kind vier Kastanien. Mit einem Löffel in der Hand steht jedes Kind hinter seinem Eimer. Auf ein Startzeichen hin legt sich jedes Kind eine Kastanie auf den Löffel und bringt sie zu seinem Eimer am Ziel, läuft zurück und holt eine neue Kastanie usw. Sie laufen, bis der Eimer leer ist. Die Zeit spielt keine Rolle.
Fällt unterwegs eine Kastanie herunter, dann muss sie liegen bleiben und eine neue wird geholt. Zum Schluss bekommt jedes Kind für jede Kastanie, die im Zieleimer ist, einen Punkt.

Kastanienfangspiel

Materialien: pro Kind ein Eimer, ein Korb mit Kastanien, zwei lange Seile

Ablauf: Die zwei langen Seile werden in einem bestimmten Abstand gegenübergelegt. Die Kinder spielen paarweise zusammen.

Jeweils ein Kind steht mit einem Eimer, in dem fünf Kastanien liegen, hinter dem einen Seil und das andere Kind steht ihm, mit einem Eimer in der Hand, hinter dem anderen Seil gegenüber. Die Kastanien werden vor Spielbeginn aus den Eimern genommen und auf die Erde gelegt. Auf ein Startzeichen hin wirft der eine Spieler dem anderen Spieler seine Kastanien zu, der fängt sie und legt sie in seinen Eimer. Hat der eine Partner seine Kastanien geworfen, wirft der andere und das Spiel läuft in umgekehrter Reihenfolge ab. Jede Kastanie, die nicht aufgefangen wurde, bleibt auf dem Boden liegen. Für jede aufgefangene Kastanie gibt es einen Punkt.

Kastanienrollen

Materialien: eine Turnbank, ein großer Eimer, ein Korb mit Kastanien

Ablauf: Die Bank wird aufgestellt. Der Eimer steht in der Nähe der Bank. Jedes Kind kann sich aus dem Korb eine Kastanie heraussuchen, die nach seiner Meinung besonders gut rollt. Dann stellen sich alle hintereinander vor der Bank auf. Auf ein Startzeichen hin rollen sie nacheinander die Kastanie über die ganze Bank. Am Ziel wird sie in den Eimer geworfen. Wer diese Aufgabe erfüllt, bekommt 10 Punkte. Fällt die Kastanie auf den Boden, so kann sie aufgehoben, auf die Bank gelegt, weitergerollt und in den Eimer geworfen werden. Dafür gibt es dann 5 Punkte. Wer dies nicht schafft, bekommt bei diesem Spiel einen Punkt.

Die Erzieherin zählt die Punkte der Kinder zusammen. Bei der anschließenden Siegerehrung wird die Anzahl der erreichten Punkte bekannt gegeben und *jedes Kind* bekommt eine Kastanienmedaille.

Willi und die Hühnergötter

Eine Geschichte

Willi freut sich immer riesig auf die langen Sommerferien, denn dann fährt er mit seinen Eltern weg. Er war mit ihnen schon in großen Städten, in den Bergen oder am Meer. Überall findet Willi es schön, doch am schönsten ist für ihn der Urlaub am Meer. Da gibt es nicht nur ganz viel Wasser, sondern auch ganz viel Sand und ganz viele Muscheln. Willi hat dort nie Langeweile, denn er kann den ganzen Tag Burgen bauen, Muscheln sammeln und schwimmen gehen. Als Willi in diesem Jahr mit seinen Eltern nach einer langen Fahrt am Urlaubsort ankommt, will er sofort ans Meer. Doch weit und breit kann Willi kein Wasser entdecken. »Wir müssen zum Wasser fahren«, sagt Papa und holt die Räder vom Auto. »Mit dem Fahrrad?«, fragt Willi. Papa erzählt, dass dieser Strand nicht mit dem Auto zu erreichen sei, sondern nur mit dem Rad. »Lass dich überraschen«, sagt er, »solch einen schönen Strand hast du noch nie gesehen.« Willi findet das Fahrradfahren zwar nicht so toll, aber dann strampelt er doch los. Der Weg ist abenteuerlich. Es geht an Wiesen und Feldern, vielen Häusern vorbei und durch einen ganz großen Wald. Die Wege sind sandig und holperig. Mal ist der Weg ganz schmal, mal breit, mal geht es ein wenig bergauf, dann aber wieder bergab. Doch die Radtour macht schon sehr viel Spaß. Sie treffen unterwegs nur ganz wenige Menschen, die auch zu diesem Strand wollen. Nach einer langen und abenteuerlichen Radtour sind sie endlich da. Sie lassen die Räder am Waldrand stehen, schultern ihre Rucksäcke und stapfen durch den Sand.

Hmmh, Willi kann das Meer schon riechen und auch schon hören. Er freut sich, denn gleich geht's ins Wasser. Endlich, noch eine letzte Düne, dann sind sie da. Doch was ist das? An diesem Strand stehen keine Liegestühle und keine Strandkörbe. Nirgendwo ist ein Kiosk, an dem man Eis oder Getränke kaufen kann, und Menschen, Menschen sind nur wenige zu sehen. An diesem Strand ist alles ganz anders als an den Stränden, die er von früheren Urlauben kennt. Er ist etwas enttäuscht. Doch Mama fasst ihn an die Hand und sie suchen sich einen schönen Platz. Das ist nicht schwer, denn Platz ist hier genug. Da hier gar kein Schatten ist, sucht Papa sich den Platz an einem alten, vom Sturm umgeworfenen Baum aus. Mama hängt Handtücher über die Äste und gemeinsam bauen sie sich eine Hütte als Sonnenschutz. Willi findet das toll. Er schaut sich um und sieht, wie auch andere Urlauber sich aus Tüchern und mit Hilfe von dicken Ästen und umgefallenen Bäumen einen Sonnenschutz bauen. Es sieht hier aus wie am Strand einer einsamen Insel, denkt Willi. Er schleppt noch einige Äste und Zweige heran und befestigt damit die Tücher. Dann zieht er sein Hemd aus und begibt sich auf Muschelsuche. Aber hier gibt es kaum Muscheln. Er findet nur Steine. Etwas enttäuscht bückt Willi sich. Erstaunt sieht er, dass die Steine ganz anders sind als die Steine zu Hause. So viele schöne Steine hat er noch nie gesehen. Sie sind bunt, haben Punkte, Streifen, kleine Dellen und – Löcher. Solche Steine hat er noch nie gesehen. Willi sucht nur noch Steine mit Löchern und steckt sie in seine Hosentaschen, denn seine Sammelhose, die hat er natürlich nicht ausgezogen. Er sammelt und sammelt, denn immer wieder entdeckt er neue Steine mit Löchern. Schwer bepackt will Willi zur Sonnenschutzhütte zurückkehren. Da entdeckt er im Wasser einen schönen Stein mit einem besonders großen Loch. Den will er auch noch mitnehmen. Er hebt ihn auf und steckt ihn zu den anderen Steinen in seine Hosentasche. Auf einmal hört er, wie jemand leise »Danke« sagt. Willi schaut sich um, kann aber niemanden entdecken. Er ist verwundert und glaubt, geträumt zu haben. Doch da hört er ein leises »Hallo«. Es kommt aus seiner Hosentasche. War es der dicke Stein, der etwas gesagt hat?

Willi nimmt ihn aus der Tasche, setzt sich mit ihm in den Sand und hält ihn an sein Ohr.

»Danke, dass du mich aus dem Wasser geholt hast und dass du solch einen unnützen Stein wie mich mitnimmst.« »Du bist nicht unnütz«, sagt Willi, »ich werde dich zu Hause all meinen Freunden zeigen und vielleicht auch noch etwas sehr Schönes aus dir machen. Vielleicht wirst du auch mein Talisman und ich nehme dich immer mit.« »Das ist schön«, sagt der Stein, »vor vielen, vielen Jahren waren wir Steine mit den Löchern für die Menschen schon einmal ganz wichtig.« Willi wird neugierig und sagt: »Komm, erzähl mir doch, warum ihr früher wichtig wart. Ich höre dir gut zu.« Willi sucht sich schnell ein schattiges Plätzchen hinter einem umgestürzten Baum und macht es sich im Sand bequem. Der Stein beginnt zu erzählen:

»Früher, vor vielen, vielen Jahren, waren die Menschen sehr arm. Sie mussten schwer arbeiten und hatten wenig Geld. Damit sie genug zu essen hatten, hielt fast jede Familie Hühner. Von ihren Eiern konnten sie sich ernähren. Die waren gesund und schmeckten gut. Wenn die Hühner viele Eier legten, dann konnten sie diese Eier verkaufen und hatten genügend Geld, um sich andere Nahrungsmittel zu kaufen. Wenn die Hühner aber wenig Eier legten, dann ging es den Menschen nicht gut. Damit die Hühner wieder besser legten, schoben ihnen die Menschen Steine mit Löchern in die Nester. Deshalb heißen wir Hühnergötter.«

»Und haben die Hühner mehr Eier gelegt?«, fragt Willi neugierig. »Das weiß ich nicht, denn ich bin noch nicht so alt. Ich habe das nur von anderen sehr alten Steinen gehört.« Willi ist erstaunt. Doch der Stein ist mit seiner Erzählung noch nicht fertig und sagt: »Wir waren aber noch für etwas anderes sehr wichtig. Viele von meinen Geschwistern wurden auf eine Schnur aufgefädelt. Diese Kette haben die Menschen an ihre Häuser gehängt und dann haben wir das Haus vor Blitzeinschlägen geschützt.« Das findet Willi sehr interessant. Mit einem Mal wird der Stein traurig und

sagt: »Doch leider ist das heute nicht mehr so. Heute liegen wir am Strand und nur wenige Menschen sehen uns. Manche heben uns auf und wenn sie sehen, dass wir ein Loch haben, dann werfen sie uns wieder fort. Wir sind heute gar nicht mehr wichtig.« »Für mich schon«, sagt Willi, »für mich bist du besonders wichtig.« Willi nimmt den Stein und streicht mit der Hand darüber. Doch nun hört er nichts mehr. Er hält den Stein noch einmal an sein Ohr, aber er bleibt stumm. Hat er alles nur geträumt? Willi ist das ganz gleich. Er hat ab heute einen neuen Talisman, der ihm bestimmt viel Glück bringt. Oje, jetzt erst denkt er wieder an seine Eltern. Ob sie sich schon Sorgen gemacht haben? Schnell will er zur Schutzhütte zurücklaufen, doch seine Hose ist durch die vielen Steine sehr schwer geworden.

106

So kommt er nur langsam voran. Seine Mutter hält schon Ausschau nach ihm. Als sie ihn sieht, fragt sie: »Wo warst du so lange? Wir haben uns schon Sorgen gemacht.« »Das braucht ihr nicht«, sagt Willi und fasst in die Tasche. »Ich habe doch einen Hühnergott als Talisman und damit kann mir gar nichts passieren.« Willis Mama versteht das zwar nicht, aber sie fragt nicht weiter nach. Sie müssen nach Hause, denn es ist schon spät und der Weg durch den Wald ist noch weit. Weil Willis Vater sieht, dass Willi schwer zu tragen hat, sagt er: »Komm, ich lege deine Steine in meinen Rucksack, dann kannst du besser Fahrrad fahren.« Willi verbessert seinen Vater: »Hühnergötter heißen sie und nicht einfach nur Steine.« Unterwegs fasst Willi immer wieder in seine Tasche und fühlt seinen Hühner-gott-Talisman, denn den hat er seinem Vater nicht gegeben.

Abrundung: Wenn die Erzieherin solch einen Stein besorgen kann, zeigt sie ihn den Kindern. Alternativ können die Kinder auch ein Bild von Willis Urlaub am Meer malen.

Steine erfahren

Körperspiele

Raumvorbereitung: Der Raum ist verdunkelt und erwärmt. Je nach Anzahl der Kinder werden Decken in Kreisform ausgelegt. In der Mitte liegt ein Tuch, auf dem eine Duftkerze steht. Der Raum ist mit einer kleinen Lampe erhellt. Ein Kassettenrekorder mit meditativer Musik steht griffbereit. Mit einem Tuch abgedeckt, steht am Rand ein Korb, der mit Steinen gefüllt ist.

Ablauf: Die Kinder setzen sich auf die Decken, schließen die Augen und versuchen bei ruhiger Musik ihren Körper wahrzunehmen. Sie spüren unter Anleitung der Erzieherin ihre einzelnen Körperteile.

Nun bilden die Kinder mit der Hand eine Schale und schließen die Augen. Bei meditativer Musik warten sie, was ihnen in die Handschale gelegt wird. Danach befühlen sie mit geschlossenen Augen den Stein. Einige Zeit später können sie nacheinander sagen, was sie erfühlt haben, und dann die Augen öffnen.

Bei leiser Musik können sie nun kleine Körperspiele mit ihrem Stein machen, z.B. ihn in den Händen hin und her rollen, mit ihm über den eigenen Körper rollen, ihn unter den Fußsohlen spüren, sich auf ihn setzen.

Dann bringt ein Kind einem anderen Kind seinen Stein, d.h. es tauscht mit ihm den Stein. Dabei sagt es ihm etwas Schönes, z.B. »Ich möchte mit dir den Stein tauschen, weil ich dich mag«, oder »Ich möchte mit dir den Stein tauschen, weil du einen sehr schönen Pulli hast« usw.

Die bereits beschriebenen kleinen Körperspiele werden mit dem neuen Stein wiederholt.

Durch Aufnahme von Blickkontakt finden sich Spielpartner zusammen, setzen sich gemeinsam auf eine Decke und ma-

108

chen die bekannten Körperspiele paarweise, z.B. einer rollt den Stein in der Hand des anderen Kindes oder ein Kind rollt einen Stein über die Fußsohle des Partners.

Ein Kind legt sich entspannt auf die Decke. Das andere Kind macht kleine Massagespiele, die in eine Geschichte gekleidet sind.

Die Regentropfengeschichte

Es ist ein dunkler Tag. Viele Wolken bedecken den Himmel. Mit einem Mal fallen aus ihnen viele kleine Regentropfen.

Mit den zwei Steinen über den Körper klopfen.

Sie machen die ganze Erde nass. Schon nach wenigen Minuten regnet es in Strömen und unzählige Tropfen platschen auf die Erde.

Mit den Steinen etwas fester und schneller klopfen.

Der Regen ist so stark, dass das Wasser nun über die Straßen fließt.

Mit den Steinen über den Körper streifen.

Riesige, kreisrunde Pfützen haben sich gebildet, in denen sich die Wassertropfen immer im Kreise drehen.

Mit den Steinen kreisende Bewegungen über den Körper machen.

Langsam nimmt der Regen ab.

Langsamer mit den Steinen über den ganzen Körper klopfen.

Nur noch vereinzelt tropft der Regen aus den
Wolken.

*Mit den Steinen nur
noch vereinzelt auf den
Körper klopfen.*

Endlich hört es auf zu regnen und die Sonne be-
deckt mit ihren warmen Strahlen die Erde.

*Von einen Mittelpunkt
aus mit beiden Steinen
auseinander streifende
Bewegungen machen.*

Partnerwechsel.

Abschluss: Die Kinder machen vor ihrem Platz, frei nach ihrer Phantasie, eine Legearbeit mit Steinen. In einem anschließenden
Gespräch können sie ihre gemachten Erfahrungen austauschen.

Hinweis: Während der ganzen Zeit kann ruhige Musik gespielt werden.

110

Steine gibt's wie Sand am Meer

Refrain:

Stei - ne gibt's wie Sand am Meer

sie sind leicht o - der auch schwer.

Stei - ne, die sind wun - der - schön, drum

lasst uns, lasst uns al - le sam - meln geh'n.

1. Strophe:

Ja, in dem wei-ßen war-men Sand, da fin-dest du so al-ler-

hand. Mu -scheln und auch vie - le Stei - ne

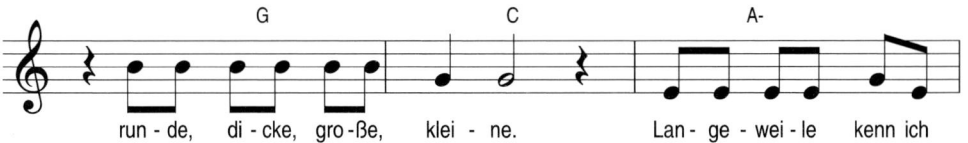

run - de,   di - cke, gro -ße, klei - ne.   Lan - ge - wei - le kenn ich

nicht,   Stei - ne, ja, die su -che ich.

Refrain: Steine gibt's wie ...

2. Strophe: Auch in der Erde braun und nass,
                            da macht das Buddeln richtig Spaß.
                            Dort, da ruhen viele Steine,
                            runde, dicke, große, kleine.
                            Langeweile kenn ich nicht,
                            Steine, ja, die suche ich.

Refrain: Steine gibt's wie ...

3. Strophe: Und auf der Wiese ganz versteckt,
                            da hab ich heute was entdeckt.
                            Ja, auch dort findet man Steine,
                            runde, dicke, große, kleine.
                            Langeweile kenn ich nicht,
                            Steine, ja, die suche ich.

Refrain: Steine gibt's wie ...

Kreatives aus Steinen

Die Kinder werden gebeten, Steine aller Art zu sammeln und mit in den Kindergarten zu bringen. Selbst Steine von der Baustelle, wie Pflastersteine oder Leichtbausteine (Gasbeton), sind für dieses Angebot gut geeignet. (Eltern können um Mithilfe gebeten werden.)

Ein Ausflug mit den Kindern in einen Steinbruch bietet sich an. Dort können die Kinder Steine sammeln und in einem Leiterwagen transportieren. Auf dem Spielplatz wird eine Steinbauecke eingerichtet, wo sich die Kinder über Tage mit den Steinen auseinander setzen können.

Materialien:	unterschiedliche Steine, Gips, Plakafarben, große Pinsel, Ton in verschiedenen Farben, Abdeckplanen, Eimer mit Wasser, Bürsten, mehrere Hämmer, Meißel, Taucherbrillen, Tücher, Arbeitstische (z.B. Tapetentische), Kleber, Arbeitshandschuhe

Bevor die Kinder sich kreativ den Steinen widmen, können sie diese mit Wasser und Bürsten reinigen und mit alten Tüchern trocknen. Das macht schon viel Spaß und ist eine gute Vorbereitung für die weiteren Aktionen. Danach kann an den Tischen unterschiedlich geklebt, gemeißelt und geformt werden. Soll am nächsten Tag weitergemacht werden, so werden die kunstvollen Werke mit Folien abgedeckt.

Steinbild auf einem Stein

Auf einen großen Pflasterstein wird mit Hilfe von Steinkleber aus vielen kleinen Steinen ein Bild geklebt.

Steintiere

Aus verschieden großen Steinen werden Tiere zusammengeklebt und mit Plakafarbe angemalt.

Steinmosaike

In einen Schuhkartondeckel wird Gips gegossen. Dort hinein können dann die unterschiedlichsten Steine zu einem Mosaik zusammengelegt werden.

Steinfiguren

Die Kinder können sich als Steinmetz betätigen. Mit Hammer und Meißel können sie an weichen Steinen (Gasbeton) ihrer Phantasie freien Lauf lassen. (Eventuell Taucherbrille als Schutzbrille und Handschuhe benutzen.)

Steine aus Ton

Die Kinder können selbst Steine aus Ton formen und sie gestalten. Auch hier sind der Phantasie keine Grenzen gesetzt. Mit den Fingern, Stöcken oder anderen Hilfsmitteln können Furchen, Rillen oder Muster in die Steine geritzt werden. Auch Ton in einer anderen Farbe kann beigemischt werden. Dann bekommt man bunte Steine.

Steinememory

Je zwei Steine werden von einer Seite gleich angemalt oder bekommen eine
Zahl oder Punkte. Sie liegen mit der Bemalung auf dem Boden oder Tisch
und nun wird ein Memoryspiel daraus entwickelt.

Gemeinschaftsarbeit: Steinskulptur

Unterschiedliche Steine werden in Gemeinschaftsarbeit zu einem kunstvollen Gebilde zusammengeklebt. Die ganze Skulptur wird mit Gips und
Farbe verschönert.

Abschluss: Diese kunstvollen Werke
können ausgestellt und
den Eltern zum Kauf
angeboten werden.

Sarah ist steinreich

Eine Geschichte

Hinweis: Die Erzieherin sollte für dieses Geschichte unterschiedliche Steine besorgen. Auch eine Zigarrenkiste mit Edelsteinen (erhältlich in fast allen Naturläden) gibt dieser Geschichte einen besonderen Reiz. Durch einen geschliffenen Bergkristall, der aufgehängt wird, das Sonnenlicht bricht und dadurch wunderbare bunte Punkte entstehen lässt, würde den Kindern ein besonderes Erlebnis geboten.

Material: ein Weidenkorb mit unterschiedlichen Steinen, eine Zigarrenkiste mit Edelsteinen, ein geschliffener Bergkristall, ein schönes Seidentuch, eine Lampe, für jedes Kind ein Sitzkissen, ein größeres Tuch

Raumvorbereitung: Der Raum sollte ein wenig Gemütlichkeit ausstrahlen, die Kissen werden in Kreisform gelegt. Das restliche Material steht griffbereit und wird mit einem Tuch abgedeckt.

Einstieg: Die Kinder sitzen im Kreis, die Erzieherin stellt das folgende Rätsel:

Was ist das?
Sie sind mal klein, mal groß oder mal lang,
man baut daraus Häuser und eine Bank.
Sie sind spitz, hart und manchmal sehr schwer,
man bringt sie mit einem Laster her. (Steine)

Danach stellt sie den Weidenkorb in die Mitte. Nun können die Kinder die Steine betrachten, sie befühlen, etwas dazu erzählen. Mit Hilfe dieser Steine wird zur Geschichte übergeleitet.

116

Fast jeder Mensch auf dieser Welt sammelt etwas, der eine sammelt Bierdeckel, der andere Teddybären, wieder ein anderer Briefmarken oder Spielzeugautos. Sarah gehört auch zu den Sammlern. Sie sammelt Steine.

Überall in ihrem Zimmer liegen Steine. Deshalb sagt ihre Mutter: »Sarah ist steinreich.« Sarah kann sich schlecht von ihren Steinen trennen. Sie findet alle sehr schön. Wenn sie Besuch bekommt, dann zeigt sie ganz stolz ihre Steine und zu jedem hat sie etwas zu erzählen. Viele Steine erinnern sie an den Urlaub. Einige hat sie am Meer gefunden, einige auf einem riesengroßen Berg und einige sind sogar aus einer Höhle. Sarah erzählt ihren Freunden oft wunderschöne, spannende Steingeschichten. Ist Sarah allein, dann baut sie mit ihren Steinen. Manchmal sitzt sie auch einfach nur da und schaut sich ihre schönen Steine an. Dann schließt sie die Augen und schwups ist sie in ihrer Phantasie wieder am Meer, in den Bergen oder in der Höhle, wo sie den Stein gefunden hat. Die Zeit vergeht dabei so schnell, dass sie sogar das Abendessen vergisst.

Sarah hat aber auch Schatzsteine. Die hat sie von ihrer Mutter bekommen und zeigt sie nur ihren allerbesten Freunden. Sie bewahrt sie in einer kleinen Zigarrenkiste auf, die sie dafür extra von ihrem Opa bekommen hat. Jeden Abend, bevor sie ins Bett geht, macht Sarah es sich in ihrem Zimmer ganz gemütlich. Sie legt ein schönes Seidentuch auf den Boden, stellt ihre Nachttischlampe daneben und dann holt sie die Zigarrenkiste. Sarah ist immer wieder begeistert von ihren Steinschätzen. Einen Stein nach dem anderen holt sie heraus, betrachtet ihn und legt ihn auf das Tuch. Sie schimmern in allen Farben. Einige sind rosa, blau, lila, grün oder schwarz. Es sind Edelsteine, hat ihre Mama gesagt. Sie strahlen besonders viel Kraft aus und können sogar den Menschen helfen. Sie können Krankheiten heilen, Freude schenken oder trösten. Sarah ist sehr stolz, dass sie diese Steine hat. Als sie wie jeden Abend wieder vor ihren Steinen sitzt, kommt die Mutter herein. Sie hält etwas hinter ihrem Rücken versteckt. Sarah ahnt, was ihre Mutter dort versteckt hält. Sie setzt sich zu Sarah auf den Boden und zeigt ihr freudig einen neuen Stein. Er ist durchsichtig und hat ganz viele Ecken. Sarah freut sich, denn solch ein Stein fehlt noch in ihrer Sammlung. Sie schaut hindurch und kann ihr ganzes Zimmer eckig und kantig sehen. »Es ist ein Bergkristall«, sagt ihre Mutter, »durch das Loch ziehst du ein Band und dann kannst du ihn vor dein Fenster hängen. Wenn morgen die Sonne scheint, wirst du etwas Wunderbares erleben.« Sarah ist gespannt, denn ihre Mutter will nichts verraten. Hoffentlich scheint morgen die Sonne, denkt Sarah und schläft ein. Am anderen Morgen läuft sie zum Fenster und öffnet die Gardinen. »Schön«, ruft sie, »die Sonne scheint.« Sofort macht Sarah das, was ihre Mutter gesagt hat. Sie zieht ein Band durch das Loch und hängt den Stein vor das Fenster. Nun wartet sie gespannt. Auf einmal ist ihr Zimmer wie verzaubert. Überall, an der Decke, an den Wänden, auf dem Boden sind bunte Punkte zu sehen, die durch das Zimmer wandern. Sarah steht im Zimmer und staunt. Das hatte sie nicht erwartet. Jetzt berührt sie den Stein ein wenig und die Punkte beginnen zu tanzen. Sarah ist sprachlos. Plötzlich ist die Sonne fort, und die bunten Kreise sind verschwunden. Sarah läuft zu ihrer Mutter, umarmt sie und sagt: »Vielen, vielen Dank. So etwas Schönes habe ich noch nicht gesehen.« Als sie zurück in ihr Zimmer geht, scheint die Sonne wieder und die Punkte sind wieder da. Nun hat Sarah einen richtigen Zauberstein und darauf ist sie besonders stolz.

Abrundung: Die Erzieherin holt die Zigarrenkiste, gestaltet die Mitte wie in der Geschichte, verdunkelt den Raum. Sie schaltet die Lampe ein und die Kinder können sich nun die Edelsteine anschauen und etwas dazu erzählen. Zum Schluss zeigt sie den Kindern den Bergkristall. Er kann in einem sonnenlicht-durchfluteten Raum aufgehängt werden, und dann geschieht auch hier, wenn die Sonne scheint, etwas Wunderschönes.

Der kleine und der große Stein

Eine Spielgeschichte

Materialien: 2 lange blaue Stoffstreifen, ein Stück blauer Stoff, verschieden große Steine, ein sehr kleiner Stein, ein ganz dicker Stein, ein gelber Stoffstreifen als Sand, ein großes und ein kleines Abdecktuch, eine Lampe

Vorbereitung: Mit dem Stoff wird eine Mitte gestaltet, d.h. die zwei blauen Streifen stellen den Bach dar. An ihm liegen mehrere Steine. Das große Stück Stoff liegt am Ende des Baches als See. Um diesen See wird der gelbe Stoffstreifen als Sand gelegt. Diese Mitte wird mit einem Tuch abgedeckt. Die Lampe bringt eine gemütliche Atmosphäre. Der kleine und der große Stein liegen seitlich. Auch sie sind mit einem Tuch abgedeckt.

Ablauf: Die Kinder sitzen im Kreis. Die Erzieherin holt den kleinen Stein. Er wird herumgereicht und die Kinder können ihre Gedanken dazu ausdrücken. Dann wird der große Stein geholt. Auch er regt zu einem Gespräch an und wird herumgereicht. Das Tuch, welches den Mittelpunkt verdeckt, wird entfernt.
Nun wird die Geschichte erzählt und dem Text entsprechend mit dem Stein gespielt.

Geschichte mit Spielanweisung

Es war einmal ein kleiner Stein. Er lag mit vielen anderen kleinen Steinen an einem plätschernden Bach.

Der kleine Stein wird zu den anderen Steinen an den Bach gelegt.

Die Wellen streichelten ihn zart und der kleine Stein fühlte sich unter den anderen Steinen sehr wohl. Sie lagen da und ließen sich von dem kleinen Bach Geschichten von der großen weiten Welt erzählen.

Eines Tages verspürte der kleine Bach Sehnsucht. Er hatte jetzt so viele Geschichten von der schönen Welt gehört, dass er sie unbedingt kennen lernen musste. Deshalb fragte er den Bach: »Lieber Bach, kannst du mich mit auf eine weite Reise nehmen? Ich möchte die Welt kennen lernen und die vielen schönen Dinge sehen, von denen du jeden Tag erzählst.« Der Bach sagte freundlich: »Für mich ist das kein Problem. Ich nehme jeden Tag so viele Steine mit, da kann ich auch dich mitnehmen.«

Mehrere Steine in den Bach legen.

Dann umplätscherte er mit einigen großen Wellenschlägen den kleinen Stein und mit einem kleinen Satz landete der im Wasser. Die Wellen schubsten und kullerten ihn so sehr, dass es dem kleinen Stein ganz schwindelig wurde..

Den kleinen Stein im Bach vorwärts rollen.

Er war ganz erstaunt, das Wasser war gar nicht so kalt, wie er gedacht hatte. Nun rollte er im-

121

mer weiter. Er kullerte durch breite und schmale Wasserstraßen, berührte dabei viele andere große und kleine Steine und kullerte ohne Pause weiter und weiter. Dem Bach machte es sehr viel Spaß, den kleinen Stein kullern zu sehen. Hin und wieder schickte er ihm eine so starke Welle, dass der kleine Stein mit einem großen Satz durch die Luft gewirbelt wurde und dann wieder mit einem Plumps ins Wasser fiel.

Den kleinen Stein einmal hoch in die Luft heben und wieder in den Bach legen.

Hin und wieder wurde er eine ganze Weile hin und her geschaukelt und dann war er sehr froh, wenn ihn der Bach auch einmal ganz ruhig trug. Dann konnte der kleine Stein sich ausruhen. An manchen Stellen war das Wasser so klar, dass der kleine Stein die vielen großen und kleinen Fische beobachten konnte. Als er sich wieder einmal ausruhte, sah er plötzlich einen riesigen Fisch. Wie ein Blitz schoss er an dem kleinen Stein vorbei. Erschrocken rollte der kleine Stein weiter. Plötzlich gab es einen Knall und er lag vor einem riesengroßen Stein.

Den großen Stein ins Wasser legen und den kleinen Stein gegen ihn rollen.

Da lag er nun und der Bach konnte ihn nicht weiter mitnehmen, denn der große Stein versperrte ihm den Weg. »Geh weg von mir«, brummte der dicke Stein, »ich will mit dem

Bach in die große weite Welt.« »Dahin will ich auch«, sagte ganz leise der kleine Stein und schaute dabei dem großen Stein direkt in die Augen. »Wir können doch zusammen eine Reise machen«, sagte er und war erstaunt, dass der große Stein diesen Vorschlag gut fand. Der Bach hatte das Gespräch gehört und sofort schickte er den beiden eine große Welle.

Die beiden Steine vorwärts rollen.

Sie gab den beiden Steinen einen Schubs, und schon ging die Fahrt los. So schnell wie noch nie kullerten die beiden Steine durch das Wasser. Plötzlich kam dem kleinen Stein die Umgebung so fremd vor.

Die beiden Steine ins Meer legen.

Auch der große Stein war hier noch nie gewesen. Als sie sich umschauten, glaubten sie in einem See zu sein. Sie sahen riesengroße Fische und viele Wasserpflanzen. »Wir sind nicht in einem See«, sagte der dicke Stein, »wir sind im Meer. Das ist viel, viel größer als ein See.« »Woher weißt du das?«, fragte der kleine Stein, der jetzt ein wenig Angst hatte. »Das erkenne ich an den riesengroßen Fischen«, sagte der große Stein. Dem kleinen Stein war das große Meer etwas unheimlich und deshalb schwamm er ganz dicht hinter dem großen Stein her.

Die Steine im Meer bewegen.

Hier fühlte er sich sicher. Plötzlich wurde das Wasser ganz unruhig und dicke Wellen stießen sie hin und her. Der große Stein schaute nach oben und erkannte ein Schiff. Es fuhr direkt

123

über ihre Köpfe hinweg. Der kleine Stein hatte so ein Schiff noch nie gesehen und war darüber sehr erstaunt. Doch die Reise ging weiter. Unterwegs trafen sie viele große und kleine Steine, die auch auf Weltreise waren.

Mehrere Steine ins Meer legen.

Hier im großen Meer war immer etwas los. Die Fische schwammen hin und her, Wasserpflanzen tanzten auf und ab und viele Steine kullerten mit den Wellen immer weiter. Mit einem Mal kam ein starker Sturm auf. Er wühlte das Wasser durcheinander und trieb den kleinen und den großen Stein immer schneller fort.

Die Steine im Meer hin und her rollen.

Plötzlich bekamen die beiden einen Schubs und dann lagen sie auf ganz vielen kleinen Sandkörnern.

Die beiden Steine auf den Sand legen.

Der kleine Stein traute sich gar nicht, seine Augen zu öffnen. Erst nach einer ganzen Weile öffnete er erst das eine und dann das andere Auge. Der große Stein lag direkt neben ihm und sagte: »Wir liegen nun an einem Strand. Die Wellen haben uns hierher geworfen.« »Hier ist es sehr schön«, sagte der kleine Stein. »Ja«, sagte der große Stein, »mir gefällt es hier auch. Sollen wir gemeinsam hier bleiben?« Darüber freute sich der kleine Stein sehr und er sagte sofort: »Ja.«

Tanz der Steine

Eine Klanggeschichte

Material:	mehrere, unterschiedlich große Triangeln, Tamburin und Besen, Holzxylophon, lange, schmale blaue Tücher, verschieden große Steine, ein grünes und ein braunes Tuch
Einstieg:	Gemeinsam mit den Kindern wird mit Hilfe der Tücher ein Flussbett gelegt, welches sich durch eine Wiese und ein Feld schlängelt. Die Steine liegen in dem Fluss.
	Nun wird die Geschichte ohne den Einsatz der Instrumente erzählt.
	Danach bekommen die Kinder die Instrumente. Nach einer Experimentierphase können die Instrumente entsprechend zugeordnet werden: Steine (Triangel), Wind (Tamburin und Besen), Wasser (Holzxylophon).

Text:

In einem breiten Fluss liegen viele kleine und große Steine. (Triangel)
Ganz langsam werden sie von den Wassermassen hin und her gerollt. (Zwei Triangel im Wechsel spielen, ein Holzxylophon für das Wasser einsetzen.)
Die kleinen Steine fühlen sich wohl und lauschen der schönen Wassermelodie. (Auf dem Holzxylophon eine Melodie spielen.)
Ein leichter Wind weht. (Tamburin und Besen)
Er pustet ins Wasser und lässt Wellen entstehen. (Tamburin und Besen mit einem Schläger über das Holzxylophon ziehen.)
Die Wellen bringen viele kleine und große Steine ins Rollen. (Holzxylophon und Triangel)
So schickt der Wind die Steine mit dem Wasser auf eine weite Reise. (Tamburin und Besen, Holzxylophon und Triangel)
Der Wind wird zu einem Sturm und die Steine rollen immer schneller durch das Flussbett. (Tamburin und Besen und Triangel)

Nach einiger Zeit lässt der Wind nach. (Tamburin und Besen)
Das Wasser plätschert nur noch wenig (Holzxylophon) und die Steine kriegen
nur noch hin und wieder vom Wasser einen leichten Schubs. (Triangel)
Alles ist wieder so wie vorher. Viele große und kleine Steine liegen im Fluss
(Triangel), das Wasser singt seine schöne Melodie (Holzxylophon) und der
Wind weht nur noch ganz leise. (Tamburin und Besen)

Hinweis: Diese Klanggeschichte kann nach Instrumententausch mehr-
      mals gespielt werden.

Literaturverzeichnis

Dieses Literaturverzeichnis ist eine Auflistung weiterführender Literatur zum Thema.

Bartl, Almut: *Das Wahnsinns-Spiele-Buch*. Tessloff Verlag, 1991

Biermann, Ingrid: *Spiele zur Wahrnehmungsförderung*. Herder Verlag, 1999

Braun, Daniela: *Handbuch Kreativitätsförderung*. Herder Verlag, 1999

Bücken, Hajo: *Mit Hand und Fuß*. Herder Verlag, 1997

Grüneisl, Gerd: *Kunst & Spiel*. Ökotopia Verlag, 1997

Klettenheimer, Ingrid: *Buntes Schachtelland*. ALS-Verlag, 1993

Klettenheimer, Ingrid: *Bastelideen rund um die Rolle*. ALS-Verlag, 1990

Schaefer-Ludwig, Renate: *Papiermaché*. ALS-Verlag, 1993

Schmidt, Dagmar/Jaffke, Freya: *Gestalten mit farbiger Wolle*. Verlag Freies Geistesleben, 1997

Stöcklin-Meier, Susanne: *Falten und Spielen*. Ravensburger Buchverlag, 1996

Weiss, Axel: *Mein erstes Experimentierbuch*. Augustus Verlag, 1999